AF814932

Schriften

des

Vereins für Sozialpolitik.

Untersuchungen über Preisbildung.

Abteilung A: Preisbildung für agrarische Erzeugnisse.

Herausgegeben von M. Sering.

139. Band.

Gebiete der intensiven Landwirtschaft.

Fünfter Teil.

Die Fleischversorgung der Stadt München.

Verlag von Duncker & Humblot.
München und Leipzig 1914.

Die Fleischversorgung der Stadt München.

Von

Walther Klose.

Mit fünf graphischen Darstellungen.

Verlag von Duncker & Humblot.
München und Leipzig 1914.

Alle Rechte vorbehalten.

Altenburg
Piererſche Hofbuchdruckerei
Stephan Geibel & Co.

Vorbemerkung.

Nachstehende Untersuchung will in großen Zügen eine Schilderung der Münchener Fleischversorgung geben von der Eröffnung des städtischen Schlacht- und Viehhofs im Jahre 1878 an bis zum Beginne des laufenden Jahres. Es ist im allgemeinen kein erfreuliches Bild, das sich dabei dem Leser darbietet: fast ständig eine Erhöhung der Fleisch- und Viehpreise, und damit verbunden eine Einschränkung des Fleischkonsums seit Anfang dieses Jahrhunderts, nur ganz zeitweilig eine gegenteilige Entwicklung.

Die Ursachen der Verteuerung von Vieh und Fleisch liegen außerhalb des Rahmens der vorliegenden Abhandlung, soweit sie die Vieherzeugung, d. h. die landwirtschaftliche Seite des Problems, umfassen. Sie sind für Bayern zum Gegenstand von besonderen Untersuchungen gemacht und zusammen mit dieser Arbeit, mit der sie ein Ganzes bilden, veröffentlicht.

Die häufig eng ineinander verknüpften Momente, welche neben den die Vieh- und Fleischpreise grundlegend beeinflussenden Faktoren meist preissteigernd, selten preismindernd wirken, sind soweit als möglich einzeln gewürdigt worden. Daß eine eingehende Differenzierung der verschiedenen Gesichtspunkte und ihre entsprechende Bewertung nicht durchweg möglich war, wird angesichts der entgegenstehenden Schwierigkeiten kaum überraschen.

Der unterzeichnete Verfasser — bis Ende September 1914 wissenschaftlicher Sekretär am Statistischen Amt der Stadt München — hat bei Zahlenangaben fast ausschließlich amtliche Nachweisungen benutzt, zur Schilderung der Verhältnisse im Zwischenhandel und Metzgergewerbe auch zuverlässige private Quellen herangezogen. Für gütige Förderung seiner Arbeit durch Überlassung einschlägigen Materials ist er namentlich dem Direktor des Statistischen Amts der Stadt München, Professor Dr. W. Morgenroth, zu aufrichtigem Dank verpflichtet. Ferner hat ihm der Vorstand des Marktbureaus am städtischen Schlacht- und Viehhof, H. Lechner, in dankenswerter Weise Material zur Verfügung gestellt.

Die Untersuchung befand sich bereits im Druck, als Anfang August dieses Jahres der Krieg ausbrach. Es erscheint deshalb angezeigt, der Fleischversorgung Münchens in den gegenwärtigen Kriegszeiten noch ein kurzes Nachwort zu widmen.

Ludwigshafen, im Oktober 1914.

Dr. W. Klose,
Vorstand des Statistischen Amtes der Stadt Ludwigshafen a. Rh.

Inhaltsverzeichnis.

Einleitung.

Übersicht über die Geschichte des Münchener Metzgergewerbes.

Die Versorgung der Münchener Bevölkerung mit Fleisch sicherzustellen, war von je ein Hauptbemühen der in München seßhaften öffentlichen Gewalten, der bayrischen Herzöge und Kurfürsten sowohl wie der Stadtverwaltung, und die zu diesem Zwecke getroffenen Maßnahmen lassen sich weit zurückverfolgen. Hieraus ist es zu erklären, daß das Münchener Metzgergewerbe schon frühzeitig eine bedeutsame Stellung unter den einheimischen Zünften einnimmt, die es bis in unsere Tage zu behaupten vermocht hat [1].

Bereits im 13. und 14. Jahrhundert hatten die in den Urkunden als Fleischhächl" und „Carnifices" bezeichneten Metzger eigene hölzerne Verkaufsstände neben denen anderer Gewerbe auf dem Marienplatz. Unter der Regierung Kaiser Ludwigs des Bayern wurden im Jahre 1317 jene Stände („untere Bank") auf den jetzigen Viktualienmarkt verlegt [2]. Für das Jahr 1371 wird die Zahl der dortselbst verkaufenden Metzger, die der Stadt Standgeld zu zahlen hatten, auf 50 [3] angegeben. Mit der Entwicklung der Stadt nahm ihre Zahl mehr und mehr zu, so daß im Jahre 1427 die Errichtung einer steinernen Bank und eines Schlachthauses durch den Bürgerrat notwendig wurde. Mit dieser Ausdehnung des Gewerbes verband sich eine Spezialisierung desselben, indem im Jahre 1450 die Metzger der „Bank" in zwei gesonderte Gewerbe zerfielen: die Altmetzger, welche Altvieh (Mastochsen), und die Jungmetzger, welche Kälber, Schweine und Schafe schlachteten, wobei den beiden Ge-

[1] A. Schlichthörle, Die Gewerbsbefugnisse in der Königl. Haupt- und Residenzstadt München. Erlangen 1844.

[2] An die Stelle, wo sich die Ende 1883 abgebrochene „untere Fleischbank" befand.

[3] Aug. Creuzbauer, Die Versorgung Münchens mit Lebensmitteln. München 1903, S. 140.

werben auch eine getrennte Zunftverfassung entsprach. Eine weitere „obere Bank" entstand späterhin am Färbergraben.

Damit war jedoch die Differenzierung im Metzgergewerbe noch keineswegs beendet. Um die Mitte des 17. Jahrhunderts spalteten sich die „Kuttelwäscher" ab, deren Vorrecht darauf beruhte, daß die Alt- und Jungmetzger die Eingeweide des von ihnen geschlachteten Viehs nicht in ihren Verkaufsständen mit dem Fleisch zusammen feilhalten durften, sondern für die Eingeweide entweder besondere Verkaufsgelegenheiten schaffen oder sie an die Kuttelwäscher veräußern mußten. Infolge eingetretener Mißstände wurde die Zunft der letzteren 1768 in eine solche der Rindsmetzger umgewandelt, welche die Befugnis hatten, Rinder und Kühe zu schlachten und an der „oberen Bank" zu verkaufen.

Diese Regelung war gleichfalls nicht von Dauer. Die im Jahre 1764 auf kurfürstlichen Befehl erfolgte Begründung einer „Freibank" am Kosttor, an der jeder Vieheigentümer schlachten und verkaufen konnte, bedeutete für die Rindsmetzger einen zu starken Wettbewerb, dem sie nicht gewachsen waren. Es wurde daher auch ihnen das Recht zugestanden, Ochsen zu schlachten und sich „Altmetzger der oberen Bank" zu nennen. Weitere Freibänke wurden vom Kurfürsten 1798 am Hofgraben und von der Stadt am Viktualienmarkt errichtet. Sie waren in ihrer Aufgabe „wesentlich verschieden von derjenigen, die ihnen heute in München zugewiesen ist" — an der heutigen Freibank wird vorwiegend geringer bewertetes sowie beanstandetes Fleisch, das für den menschlichen Genuß, zumal im gekochten Zustande, noch geeignet ist, veräußert —. „In der Freibank jener Zeit sollte jeder Vieheigentümer schlachtbares Vieh gegen Entrichtung des Aufschlages entweder selbst oder durch andere schlachten und samt allem Zubehör, aber nur um zwei Kreuzer unter dem Banksatze, verkaufen dürfen, vorausgesetzt, daß er das Vieh vorher den Münchener Metzgern erfolglos angeboten hatte. Diese letztgenannte Beschränkung wurde bald wieder aufgehoben, in dem Bestreben, das Angebot in Fleisch zu erhöhen, um hierdurch den Bankmetzgern eine Konkurrenz zu schaffen" [1]. Auf die Dauer konnten sich die so organisierten Freibänke, deren Metzger wenig kapitalkräftig waren, nicht halten. Mit Ausnahme der Bank am Kosttor, die später auf den Viktualienmarkt verlegt wurde, wo sie heute, wie ausgeführt, in anderer Weise betrieben wird, verfielen sie der Auflösung; ihre Metzger zogen als „Vorstadtmetzger" in die Außenbezirke der Stadt und schlachteten dort Vieh jeglicher Art.

[1] Creuzbauer, a. a. O. S. 142.

Das Recht, zu schlachten, hatten weiterhin die Zünfte der Garköche und Wirte. Dazu kamen Ende des 18. Jahrhunderts die Schweinemetzger („Mannheimerköche"). 1826 erscheinen die „Charkutiers", die sich später mit den Schweinemetzgern und Garköchen vereinigen. In der ersten Hälfte des 19. Jahrhunderts gab es somit in München Altmetzger in der oberen und unteren Bank, Jungmetzger und Vorstadtmetzger, Schweinemetzger und schlachtende Wirte.

Mit dem Anwachsen der Stadt München, deren Einwohnerzahl zu Anfang des vorigen Jahrhunderts ca. 40000 betragen hatte und bis 1875 auf nahezu 200000 anstieg, ließen sich die über die ganze Stadt verstreuten Schlachtstätten aus sanitären Gründen nicht mehr vereinbaren, eine Erkenntnis, die von Männern wie Pettenkofer besonders gefördert wurde. Der Mangel größerer öffentlicher Schlachtstätten machte sich daher in erhöhtem Maße bemerkbar. Die erste Anregung zu ihrer Errichtung erfolgte bereits im Jahre 1827 durch die Königl. Kreisregierung von Oberbayern, blieb aber wegen der zahlreichen Schlachtberechtigungen und der sich daraus ergebenden Zersplitterung im Metzgergewerbe ohne Erfolg. Weitere Bemühungen führten ebenfalls nicht zum Ziele, und erst im Jahre 1866 einigten sich die Gemeindekollegien darauf, einen großen Zentral-Schlachthof in Verbindung mit dem Schlachtviehmarkte[1] zu erbauen. Voraussetzung zu seiner Begründung war die Einführung des Schlachtzwangs und seine Ausdehnung über die Metzger hinaus auch auf alle gewerbsmäßig schlachtenden Personen, d. h. insbesondere auf Wirte und Garköche. Der mit einem Kostenaufwand von rund 4 Millionen Mark an der Thalkirchnerstraße errichtete Schlacht- und Viehhof wurde im Jahre 1878 eröffnet; er hat lange Jahre den an ihn gestellten Anforderungen genügt, so daß erst im Jahre 1910 eine Erweiterung desselben durch Erbauung einer neuen Schweineschlachthalle nebst Trichinenschauamt notwendig war. Im allgemeinen wird er auf absehbare Zeit für die künftigen Ansprüche ausreichen[2].

[1] Während in früherer Zeit weder ein Marktzwang, noch ein den Viehhändlern zum Feilhalten besonders zugewiesener Platz in München vorhanden war, wurde im Jahre 1826 zur Erleichterung des Verkehrs, der polizeilichen Aufsicht und der Viehbeschau sowie zur Sicherung des Fleischaufschlags ein allgemeiner Schlachtviehmarkt im mittleren Teile des Stadtgrabens zwischen Einlaß- und Angertor eingerichtet (Verwaltungsbericht der Stadt München für 1878, S. 189). Mit der Eröffnung des Zentralschlachthofs übersiedelte der Schlachtviehmarkt, der inzwischen an die Herrnstraße verlegt worden war, in die Nähe des Schlachthofs.

[2] Die Beschreibung des Münchener Schlacht- und Viehhofs ist im Verwaltungsbericht 1878, S. 194 ff. enthalten.

Die Eröffnung des städtischen Schlacht- und Viehhofs bedeutete den Beginn einer neuen Epoche für das Münchener Metzgergewerbe und die Versorgung Münchens mit Fleisch. Es soll der Zweck der nachstehenden Ausführungen sein, bis zu jenem Zeitpunkt zurück die Schwankungen in der Fleischversorgung Münchens und in der Preisbildung für Fleisch zu verfolgen, sowie die Organisation des Münchener Fleischmarktes darzustellen, um daraus auf dessen Verteuerung Schlüsse zu ziehen.

Erster Teil.

1. Der Umfang des Fleischbezugs von München.

a) Die Zu- und Ausfuhr am städtischen Viehhof.

Bevor in eine zahlenmäßige Würdigung der Marktverhältnisse am Münchener Viehhof eingetreten wird, bedarf es einiger Bemerkungen über die Stadt München als Konsumplatz von Fleisch. Sie unterscheidet sich in dieser Hinsicht nicht unerheblich von anderen, namentlich norddeutschen Städten. Im Vordergrunde steht der große Konsum von erstklassigem Ochsenfleisch (Mastochsenfleisch) und von Kalbfleisch, während beispielsweise in Norddeutschland mehr „Rindfleisch" verzehrt wird und der Kalbfleischverbrauch weniger allgemein ist. Von Schweinen werden die sogenannten „Bratenschweine" bevorzugt, das sind junge, nicht sehr fette Schweine. Die ganz fetten, schweren älteren Schweine sind weniger beliebt, etwas mehr halbfette, „durchwachsene" Schweine.

Diese Vorliebe der Münchener Bevölkerung für bestimmte Sorten Vieh ist für die Herkunftsgebiete desselben von großer Bedeutung. München, das den ersten Konsumplatz des deutschen Südens darstellt, ist deshalb nicht nur auf die Zufuhr seiner engeren und weiteren Umgebung, d. h. auf den größeren Teil des rechtsrheinischen Bayern und auf angrenzende sonstige süddeutsche Staaten angewiesen, sondern auch auf Norddeutschland, Österreich-Ungarn und eventuell noch andere ausländische Staaten.

Der Stand der Fleischversorgung einer Stadt hängt ganz überwiegend von den Zufuhren zu den Schlachtviehmärkten ab, die ihrerseits die Groß- und Kleinhandelspreise für Fleisch stark beeinflussen, wenn auch noch andere Momente für die Preisbildung maßgebend sind wie die Geschäftsgebarung des Zwischenhandels, der Metzger u. a. m. Zunächst sind daher jene Zufuhren für einen längeren Zeitabschnitt, bis zur Eröffnung des Schlacht- und Viehhofs, zurückzuverfolgen [1].

[1] Jahresübersichten des Statistischen Amtes der Stadt München 1911 und früher, Statistisches Jahrbuch für 1912/13.

Tabelle 1.

Die Zufuhren zum Münchener Viehhof.

Jahre	Großvieh: Ochsen	Großvieh: Bullen	Großvieh: Kühe	Großvieh: Rinder	Zusammen Großvieh	Kälber[1]	Schweine[1]	Kleinvieh[1]: Schafe und Ziegen	Kleinvieh[1]: Lämmer, Kitze und Spanferkel	Zusammen Kleinvieh	Gesamt-zufuhr[2] (Stückzahl)
1878[3]	8 531	2 827	5 856	1 278	18 492	44 372	30 289	6 306	465	6 771	**99 924**
1879	25 865	6 885	14 386	4 250	51 386	154 030	89 322	9 580	7 387	16 967	**311 705**
1880	21 144	6 545	16 154	6 909	50 752	166 249	77 637	8 845	6 380	15 225	**309 863**
1881	22 163	6 535	16 597	8 976	54 271	171 831	74 289	8 056	8 760	16 816	**317 207**
1882	25 789	8 555	24 680	12 014	71 038	161 462	80 159	8 671	9 363	18 034	**330 693**
1883	23 155	6 515	21 806	7 634	59 110	157 701	90 156	6 348	8 571	14 919	**321 886**
1884	19 878	6 343	19 526	7 007	52 754	161 631	97 585	5 630	10 772	16 402	**328 372**
1885	19 673	6 759	16 631	7 412	50 475	174 788	103 953	6 016	11 603	17 619	**346 835**
1886	21 335	8 165	18 236	9 718	57 454	174 368	107 151	7 035	13 766	20 801	**359 774**
1887	21 611	7 944	16 785	8 071	54 411	177 621	125 187	10 478	13 383	23 861	**381 080**
1888	23 185	8 402	14 943	7 729	54 259	210 316	148 236	9 091	14 592	23 683	**436 494**
1889	23 881	9 051	19 666	11 096	63 694	195 689	128 327	5 492	14 258	19 750	**407 460**
1890	24 002	10 021	20 046	10 040	64 109	178 056	128 336	5 263	14 262	19 525	**390 026**
1891	26 263	9 382	18 710	10 796	65 151	182 251	168 714	3 755	14 267	18 022	**434 138**
1892	24 835	9 042	17 285	9 929	61 091	188 429	164 703	3 014	15 564	18 578	**432 801**
1893	27 967	10 338	17 590	15 812	71 707	223 461	165 190	5 399	17 872	23 271	**483 629**
1894	34 149	11 664	22 141	23 316	91 270	183 659	167 977	3 881	16 099	19 980	**462 886**
1895	30 182	9 654	14 959	16 456	71 251	177 356	203 851	2 482	18 734	21 216	**473 674**
1896	32 608	13 444	16 243	18 204	80 499	214 687	249 546	6 396	23 299	29 695	**574 427**
1897	32 957	11 058	20 015	21 885	85 915	233 948	233 785	12 535	19 308	31 843	**585 491**
1898	36 256	11 946	23 176	24 223	95 601	238 995	213 527	13 482	15 693	29 175	**577 298**
1899	41 416	13 429	26 107	22 748	103 700	244 568	245 097	11 614	22 439	34 053	**627 418**
1900	41 029	13 640	26 608	20 814	102 091	256 724	285 568	23 482	21 013	44 495	**688 878**
1901	40 596	16 846	31 198	23 089	111 729	263 030	249 422	19 069	18 555	37 624	**661 805**
1902	42 215	19 719	38 922	24 745	125 601	251 422	226 286	21 292	19 284	40 576	**643 885**
1903	44 022	20 420	37 045	21 632	123 119	224 300	268 934	17 496	20 548	38 044	**654 397**
1904	40 985	18 752	29 647	17 186	106 570	213 121	304 738	19 881	22 612	42 493	**666 922**
1905	37 691	20 307	32 865	21 133	111 996	221 186	241 125	33 212	18 461	51 673	**625 980**
1906	34 881	18 670	31 971	17 482	103 004	224 732	223 039	29 731	18 295	48 026	**598 801**
1907	31 983	20 051	30 519	16 795	99 348	239 097	341 931	29 414	22 624	52 038	**732 414**
1908	33 055	18 196	28 886	19 714	99 851	255 455	326 249	43 668	22 970	66 638	**748 193**
1909	36 182	18 497	32 109	21 856	108 644	266 729	291 733	49 736	21 949	71 685	**738 791**
1910	38 354	15 942	29 124	17 557	100 977	246 480	305 266	43 282	19 765	63 047	**715 770**
1911	29 792	12 570	21 241	9 635	73 238	234 457	432 159	42 066	27 588	69 654	**809 508**
1912	30 235	14 308	24 181	10 412	79 136	239 585	392 797	37 157	15 539	52 696	**764 214**
1913	31 801	18 731	29 303	12 444	92 279	235 737	343 649	31 379	13 979	45 358	**717 023**

[1] Einschließlich der im geschlachteten Zustande eingeführten Tiere; Marktreste sind in den obigen Ziffern nicht enthalten, wohl aber die in geschlachtetem Zustande neuerdings zu Markt gebrachten Tiere.

[2] Viehmärkte finden in München statt: für Kälber, Schafe, Ziegen, Lämmer, Kitze, geschlachtete Schweine und Spanferkel an jedem Werktag von 10—2 Uhr, für lebende Schweine an jedem Montag, Mittwoch, Donnerstag und Freitag von 10 bis 2 Uhr, für Großvieh an jedem Montag, Mittwoch und Freitag von 10½ Uhr vormittags bis 2 Uhr nachmittags.

[3] Der Schlacht- und Viehhof wurde am 31. August 1878 eröffnet.

Wie die vorstehende Übersicht dartut, zeigen sich im Laufe der Jahre sehr erhebliche Schwankungen in der Zufuhr zum Münchener Viehhof. Im allgemeinen beruhen diese zunächst auf dem Stande der heimischen Viehzucht, die ihrerseits von dem Ausfall der Futterernten, zumal der Heu- und Kartoffelernten, abhängig ist. Schlechte Erntejahre bewirken, daß die Landwirtschaft sich großer Viehbestände, auch der ursprünglich zu Zuchtzwecken aufgestellten, entledigt, um in den folgenden normalen oder guten Erntejahren diese Lücken in der Viehhaltung wieder auszugleichen, in welchem Falle ein Teil der Viehbestände, der sonst zu Schlachtzwecken Verwendung gefunden hätte, ebenfalls zurückbehalten wird. Ferner ist an die Folgen der im Lande auftretenden Viehseuchen, insbesondere der Maul- und Klauenseuche, der Schweinepest usw. zu erinnern, die für den Viehhof veterinärpolizeiliche Anordnungen nach sich ziehen und die Zufuhr aus den verseuchten Gebieten unterbinden. Viehseuchen im Auslande bedeuten für den Import eine teilweise oder völlige Sperrung der Grenzen bzw. sonstige einschränkende Maßnahmen. Für die ausländische Zufuhr ist, ganz abgesehen von dem dortigen Stande der Viehzucht, weiterhin die Zollgesetzgebung und der Abschluß von Handelsverträgen bedeutungsvoll, weil eine Erhöhung der Viehzölle erschwerend auf den Import wirkt.

Was den Zutrieb der einzelnen Viehgattungen anlangt, so war für Ochsen im Jahre nach der Eröffnung des Viehhofs[1] ein sehr hoher Auftrieb festzustellen, der erst zwölf Jahre später wieder erreicht wurde. Das beruhte vorzugsweise auf der Mitte Juli 1879 erfolgten Grenzsperre gegen Österreich, die erst Ende 1890 unter gewissen Einschränkungen aufgehoben wurde, und auf einer Sperre gegen Italien gegen Ende des Jahres 1885, die gleichfalls im Jahre 1890 eine Milderung erfuhr. Die Mehrzufuhr im Jahre 1891 war daher von dem Import aus Österreich-Ungarn hervorgerufen, der insbesondere Ochsen besserer Qualität umfaßte und damit einen in München stark empfundenen Mangel an Mastochsenfleisch beseitigte. Beachtenswert war der Verlauf des Jahres 1893. In der ersten Hälfte dieses Jahres war der Zutrieb von Großvieh ziemlich normal, dagegen brachte die zweite Hälfte eine sehr vermehrte Zufuhr, die von der ungünstigen Futterernte des besonders heißen Sommers veranlaßt war und eine namhafte Reduzierung der inländischen Viehbestände, insbesondere der nordbayrischen, nach sich zog.

[1] Das Jahr 1878 scheidet für einen Vergleich aus, da der Schlacht- und Viehhof erst am 31. August 1878 eröffnet wurde.

Im nächstfolgenden Jahre mußte die verringerte Beschickung des Markts durch einheimisches Vieh von einer vermehrten Auslandzufuhr ergänzt werden, wodurch jene Lücken mehr als ausgeglichen werden konnten.

Tabelle 2.

Herkunftsgebiete des Großviehs (Stückzahl).

Jahre	Bayern	Sonstige deutsche Staaten	Österreich-Ungarn	Italien	Frankreich	Dänemark	Schweden	Holland
Durchschnitt 1891/95	49 600	259	21 428	806	—	—	—	—
%	**68,8**	**0,4**	**29,7**	**1,1**	—	—	—	—
1896/1900	56 546	—	36 966	—	—	—	—	—
%	**60,4**	—	**39,6**	—	—	—	—	—
1901	67 810	—	43 919	—	—	—	—	—
%	**60,7**	—	**39,3**	—	—	—	—	—
1902	75 366	—	59 235	—	—	—	—	—
%	**60,0**	—	**40,0**	—	—	—	—	—
1903	75 485	—	47 634	—	—	—	—	—
%	**61,3**	—	**38,7**	—	—	—	—	—
1904	62 247	192	44 133	—	—	—	—	—
%	**58,4**	**0,2**	**41,4**	—	—	—	—	—
1905	71 923	191	39 882	—	—	—	—	—
%	**64,2**	**0,2**	**35,6**	—	—	—	—	—
1906	75 593	566	26 845	—	—	—	—	—
%	**73,4**	**0,5**	**26,1**	—	—	—	—	—
1907	75 041	704	23 603	—	—	—	—	—
%	**75,5**	**0,7**	**23,8**	—	—	—	—	—
1908	74 067	214	25 570	—	—	—	—	—
%	**74,2**	**0,2**	**25,6**	—	—	—	—	—
1909	84 084	773	22 787	—	—	—	—	—
%	**78,1**	**0,7**	**21,2**	—	—	—	—	—
1910	75 976	1997	20 958	—	2036	10	—	—
%	**75,2**	**2,0**	**20,8**	—	**2,0**	—	—	—
1911	52 440	3318	13 344	—	3917	219	—	—
%	**71,6**	**4,5**	**18,2**	—	**5,4**	**0,3**	—	—
1912	58 696	1422	17 791	—	—	—	317	910
%	**74,1**	**1,8**	**22,5**	—	—	—	**0,4**	**1,2**
1913	65 249	4142	18 776	—	—	1983	1073	1056
%	**70,7**	**4,5**	**20,3**	—	—	**2,2**	**1,2**	**1,1**

Die erhöhten Zufuhren aus Österreich-Ungarn seit Mitte der 90er Jahre des vorigen Jahrhunderts waren erst infolge der Erneuerung der Handelsverträge möglich, da in dem am 1. Februar 1892 in Kraft getretenen Handelsvertrage mit Österreich-Ungarn eine nicht unbedeutende Ermäßigung der Viehzölle vorgesehen war. Allerdings ist dieser Vorteil zeitweise wieder durch die Lage der österreichischen Viehzucht und das Auftreten von Viehseuchen dortselbst mehr oder weniger unwirksam geworden. Im allgemeinen ist weiter zu beachten, daß die österreichisch-ungarische Einfuhr von der Qualität des einheimischen Großviehs mit abhängig ist. Geht diese zurück und entsteht ein Mangel an schweren, gut ausgemästeten Ochsen, so steigt die Nachfrage nach österreichischem, eventuell auch sonstigem ausländischen Schlachtvieh, das jene Voraussetzung erfüllt. Andererseits muß eine verbesserte Qualität des Inlandviehs dem ausländischen Angebot, das an sich mit höheren Spesen belastet ist, Konkurrenz bereiten. Auf alle diese Umstände ist das Schwanken in den einzelnen Jahren des verflossenen Jahrhunderts zurückzuführen. Im laufenden Jahrhundert erreichte die österreichische Zufuhr mit dem Jahre 1902 ihren Höhepunkt, von welchem Zeitpunkt an, mitbedingt durch hohe Viehpreise in Österreich, ein zunehmender Rückgang eintritt, der sich durch das Inkrafttreten der erhöhten Viehzölle am 1. März 1906 und infolge abgeänderter veterinärpolizeilicher Bestimmungen nach Maßgabe des deutsch-österreichischen Handelsvertrags weiterhin verschärft.

Während des Jahrfünfts 1906/10 konnte die Minderung des österreichischen Imports durch gesteigerte Inlandzufuhr nur einmal, und zwar im Jahre 1909, z. T. ausgeglichen werden. Im folgenden Jahre 1910 machte sie sich um so stärker bemerkbar, als das einheimische Angebot wieder auf den Stand früherer Jahre zurückging. Die Heranziehung weiterer Zufuhrgebiete erwies sich daher als geboten, zumal Ende 1910 die österreichisch-ungarische Einfuhr wegen zunehmender Seuchengefahr dortselbst ganz unterbunden wurde, um erst Ende März 1911 erneut einzusetzen. Neben sonstigen deutschen Staaten beteiligte sich namentlich Frankreich an dem Import von Großvieh (Mastochsen) nach München, in geringem Maße auch Dänemark. 1911 spitzten sich die Verhältnisse noch mehr zu. *Die Beschickung des Viehmarkts von seiten des Inlands ging auf einen so niedrigen Stand zurück, wie nie zuvor seit 15 Jahren, auch die Zufuhr aus Österreich verminderte sich außerordentlich.* Demgegenüber vermochten die erhöhten Zufuhren aus dem übrigen Deutschland, aus Frankreich und Dänemark nur bis zu einem gewissen Grade ausgleichend zu wirken. Ermöglicht wurde der Bezug des nichtösterreichischen Viehs durch die Beschlußfassung des Bundesrats, derzufolge einige Bundesstaaten die Ermächtigung erhielten, die Einfuhr von anderem ausländischen Vieh zu den gleichen Bedingungen wie von österreichischem Vieh zu gestatten. Obschon sich 1912 die Zufuhren aus Bayern und Österreich etwas hoben, blieben fast die gleichen Verhältnisse wie im Vorjahre bestehen, da die übrigen deutschen Staaten wieder weniger Vieh entsandten, während Schweden und Holland, die sich erstmals beteiligten, den gänzlich fehlenden französischen Import nur zum Teil ersetzten. Im Jahre 1913 besserten sich die Verhältnisse wieder etwas, da die Inlandzufuhren sich erhöhten und neben Österreich-Ungarn sowie neuerdings Dänemark sich Schweden und Holland in stärkerem Maße als im Vorjahre an der Versorgung des Münchener Markts beteiligten. Die Ziffern früherer Jahre konnten allerdings nicht erreicht werden.

Als Ursachen der unzureichenden Versorgung Münchens mit Vieh in den letzten Jahren kommen einmal die Witterungsverhältnisse in Mitteleuropa in Betracht. Dem Sommer 1911 mit seinen hohen Hitzegraden und entsprechend betroffener Futterernte folgten die kühlen und regnerischen Sommer 1912 und 1913, in denen das Rauhfutter vielfach verregnete. Ferner trat die Maul- und Klauenseuche sehr verbreitet auf.

Bei der Zufuhr aus Österreich-Ungarn handelt es sich, wie erwähnt, in der Hauptsache um schwere Ochsen. Bullen, Kühe und Jungrinder bleiben demgegenüber erheblich zurück. Insbesondere in den letzten Jahren war ihr Import wenig bedeutend.

Im allgemeinen hat die Zufuhr von Kälbern nach München trotz einzelner Schwankungen, die sich namentlich in den letzten Jahren bemerkbar machten, seit 1879 ständig zugenommen. Die Mehr- oder Minderzufuhr beruht wiederum zum großen Teile auf dem Ausfall der heimischen Futterernte, da nur in Jahren guten Rauhfutters ein bestimmter Teil der Kälber zur Aufzucht aufgestellt, im anderen Falle aber baldigst veräußert wird. Dazu kommt jedoch, daß die Zunahme der Milchwirtschaft in der weiteren Umgebung Münchens[1] zur Folge hatte, daß der Aufzucht von Kälbern von seiten der Landwirtschaft nicht mehr die gleiche Aufmerksamkeit wie früher geschenkt wird. Im Interesse ihrer Milcherzeugung und angeregt durch die dringliche Nachfrage nach Kälbern in München sehen die Landwirte von der Aufzucht ihrer Kälber ab und bringen diese möglichst frühzeitig, bisweilen sogar zu früh an den Markt bzw. überlassen sie den Händlern. Das bewirkt eine Herabminderung der Qualität und des Ernährungszustandes, wodurch der Mehrauftrieb bis zu einem gewissen Grade illusorisch gemacht wird. Für die Bedarfsdeckung des Münchener Markts kommt ganz überwiegend das rechtsrheinische Bayern in Betracht, Norddeutschland und Österreich-Ungarn sind, wie Übersicht 3 ausweist, in nur geringem Maße beteiligt.

---

[1] Vgl. die Untersuchungen des Statistischen Amtes der Stadt München über die Milchversorgung Münchens. „Mitteilungen" Band XXIII, Heft 2 und Band XXIV, Heft 1, II. Teil.

Tabelle 3.

Herkunftsgebiete der Kälber (Stückzahl).

Jahre	Bayern	Österreich-Ungarn	Norddeutschland	Jahre	Bayern	Österreich-Ungarn	Norddeutschland
Durchschnitt 1891/95	185 083	2386	—	1907	218 310	2066	257
%	**98,7**	**1,3**	—	%	**99,0**	**0,9**	**0,1**
1896/1900	221 925	4510	—	1908	235 079	4208	50
%	**98,0**	**2,0**	—	%	**98,2**	**1,8**	—
1901	235 958	7122	—	1909	248 166	2272	127
%	**97,1**	**2,9**	—	%	**99,0**	**0,9**	**0,1**
1902	224 228	9362	—	1910	233 022	573	388
%	**96,0**	**4,0**	—	%	**99,6**	**0,2**	**0,2**
1903	207 768	4913	—	1911	218 646	44	2946
%	**97,7**	**2,3**	—	%	**98,7**	—	**1,3**
1904	197 187	4074	—	1912	222,131	1621	3186
%	**98,0**	**2,0**	—	%	**97,9**	**0,7**	**1,4**
1905	205 236	4559	—	1913	215 283	3945	2043
%	**97,8**	**2,2**	—	%	**97,3**	**1,8**	**0,9**
1906	212 293	2781	—				
%	**98,7**	**1,3**	—				

Mit dem Jahre 1902 erreichte der österreichische Import von Kälbern seinen Höhepunkt, den er später nicht wieder erreicht hat.

In den Zufuhrziffern für Kälber sind auch die im geschlachteten Zustande eingeführten Tiere enthalten, während Großvieh nur lebend auf den Münchener Markt gelangt. Es handelt sich bei den geschlachteten Kälbern einmal um die von auswärts bereits geschlachtet eingeführten Tiere, ferner um die aus dem lebenden Markt und aus Marktrestbeständen neuerdings in geschlachtetem Zustande zu Markt gebrachten und endlich um die von der Lebendzufuhr nur geschlachtet zum Markt kommenden Tiere. Bezüglich der ersteren ist auf § 3 der Münchener Schlacht- und Viehhofordnung hinzuweisen, derzufolge nur Kälber, Schweine, Lämmer und Kitze dem Münchener Markte in geschlachtetem Zustande zugeführt werden dürfen und zwar im Kühlwagen zu jeder Jahreszeit, sonst nur in der Zeit vom 1. Oktober bis 30. April. Die zweite Art der Kälberzufuhr betrifft solche Tiere, die schon lebend auf dem Markt waren, aber unverkäuflich blieben und sodann geschlachtet wurden, um später zum zweiten Male auf den Markt zu kommen[1]. Außerdem fallen darunter die von den „Platzhändlern" [2] lebend auf dem Markt gekauften und von

[1] In der Nachweisung der Herkunftsgebiete sind die betreffenden Tiere jeweils nur einmal gezählt.

[2] Die Platzhändler sind, wie schon hier hervorzuheben ist, keine Kommissionäre,

ihnen nach erfolgter Schlachtung auf den Markt zurückgebrachten und dort an Metzger, Wirte usw. veräußerten Tiere. Zur dritten Gattung gehören insbesondere die nach Ankunft im Viehhofareal von der tierärztlichen Beschau wegen Seuchenverdacht usw. beanstandeten Tiere, die zur sofortigen Schlachtung in den Schlachthof gelangen, von wo sie großenteils dem Markte wieder zugeführt werden.

Die Feilhaltung geschlachteter Tiere ist für Käufer sowohl wie Verkäufer mit gewissen Vorteilen verknüpft, woraus es sich erklärt, daß mehr als 1/4 bis 1/3 aller Kälber in geschlachtetem Zustande auf dem Münchener Markt zur Verfügung stehen [1].

Auf dem Schweinemarkte liegen die Verhältnisse bezüglich der geschlachtet zugeführten Tiere ähnlich. Was die Gesamtzufuhr von Schweinen anbelangt, so stieg diese bis zum Beginne des laufenden Jahrhunderts ziemlich regelmäßig; von 1901 ab trat jedoch ein empfindlicher Rückgang ein, der sich in einzelnen Jahren, insbesondere 1902, 1905/06 und 1909/10 zu einem ausgesprochenen Schweinemangel verstärkte. 1911 war die Beschickung wesentlich stärker, was wiederum zum großen Teile auf die klimatischen Zustände des Jahres zurückzuführen ist, während im folgenden Jahre eine nicht unbedeutende Minderung einsetzte. Die Gesamtziffern werden allerdings erst durch die Ausscheidung der Zufuhren nach Herkunftsgebieten (Übersicht 4) charakteristisch.

---

sondern Engrosschlächter. Vgl. auch Gerlich, Die Preisbildung und Preisentwicklung für Vieh und Fleisch am Berliner Markte (für Schweine) S. 47.

[1] Creuzbauer, a. a. O. S. 54: „Die Kälber werden sehr häufig in einem Alter dem Markt zugetrieben, wo sie noch an die Mutter gewöhnt sind und vielfach sogar noch von ihr gesäugt werden. Wird nun ein solches Tier von der Mutter getrennt, so schreit es unaufhörlich, und zudem behagt ihm die im Viehhof gereichte und aus Mehlsuppe bestehende Nahrung durchaus nicht. Um nun die Tiere nicht allzu lang diesem Unbehagen zu überlassen, hat sich allmählich die Gewohnheit herausgebildet, Tiere, die nicht gleich auf dem ersten Markte verkauft werden, zu schlachten und dann tot auf den Markt zu bringen. Auch die Käufer sind mit dieser Methode durchaus einverstanden, weil sie nicht das Risiko einer Beanstandung zu tragen haben und weil sie beim toten Tiere die Qualität des Fleisches leichter prüfen können. Auch der Umstand spielt hierbei mit, daß im Spätjahr und Winter die auf dem Lande gekauften Kälber zumeist außerhalb Münchens geschlachtet werden, und daß infolgedessen etwa ein Drittel des gesamten Marktbestandes in geschlachtetem Zustande auf den Viehhof kommt, weil sich die Fracht für in totem Zustande transportierte Kälber wesentlich niedriger stellt."

Tabelle 4.

Herkunftsgebiete der Schweine (Stückzahl).

Jahre	Bayern	Andere deutsche Staaten	Österreich-Ungarn	Sonstige ausländische Staaten[1]	Jahre	Bayern	Andere deutsche Staaten	Österreich-Ungarn	Sonstige ausländische Staaten
Durchschnitt 1891/95	130 962	—	14 454	4139	1907	170 364	108 554	—	—
%	**87,6**	—	**9,6**	**2,8**	%	**61,1**	**38,9**	—	—
1896/1900	172 391	29 404	—	—	1908	169 875	96 563	340	—
%	**85,4**	**14,6**	—	—	%	**63,7**	**36,2**	**0,1**	—
1901	192 248	9889	9187	—	1909	168 291	74 535	268	—
%	**91,0**	**4,7**	**4,3**	—	%	**69,2**	**30,7**	**0,1**	—
1902	181 662	2705	10 320	—	1910	162 569	96 856	—	—
%	**93,4**	**1,3**	**5,3**	—	%	**62,7**	**37,3**	—	—
1903	183 041	41 866	—	—	1911	94 422	258 841	—	—
%	**81,4**	**18,6**	—	—	%	**26,7**	**73,3**	—	—
1904	181 784	70 445	—	—	1912	77 675	250 701	46	—
%	**72,1**	**27,9**	—	—	%	**23,7**	**76,3**	—	—
1905	163 810	35 714	5816	65	1913	107 635	188 613	557	—
%	**79,8**	**17,4**	**2,8**	—	%	**36,3**	**63,5**	**0,2**	—
1906	163 087	24 705	2799	—					
%	**85,6**	**12,9**	**1,5**	—					

Recht bedeutsam ist der Rückgang der bayrischen Zufuhren und die außerordentliche Erhöhung des Schweineimports aus anderen deutschen Staaten, d. h. vorzugsweise aus Norddeutschland. Die verringerte Beschickung aus Bayern hängt mit dem unleugbar vorhandenen Niedergang der einheimischen Schweinezucht zusammen, so daß ohne die gesteigerte norddeutsche Zufuhr direkt mißliche Zustände auf dem Münchener Schweinemarkt hätten eintreten müssen. Nach der stärksten Minderung in den Jahren 1911/12 ist bezüglich des bayrischen Auftriebs eine Besserung erfolgt, die aber die Notwendigkeit der norddeutschen Zufuhr nur zu einem kleineren Teile beseitigt hat. Es sei nochmals auf die Vorliebe der Münchener Bevölkerung für die „Bratenschweine" hingewiesen, die in Norddeutschland im allgemeinen weniger beliebt sind und deshalb von dort in großen Mengen nach München versandt werden.

Das eigentliche Kleinvieh — Schafe und Ziegen, Lämmer, Kitze und Spanferkel —, dessen Bedarf fast ausschließlich im Inlande gedeckt wird, ist für den Münchener Markt im Vergleich zu den übrigen Viehgattungen von geringerer Bedeutung. Schaf- und Hammelfleisch wird weniger gern als anderorts gegessen, während die an sich recht beliebten Spanferkel namentlich in den letzten Jahren infolge ihrer Verteuerung

[1] 1891—1893: Italien; 1898: Holland: 1905: Frankreich.

mehr zu einer Delikatesse geworden sind; Kitze und Lämmer begegnen dagegen einer größeren Nachfrage. Die stärkste Zufuhr von Kleinvieh erfolgte 1909. Seitdem trat ein nicht unbedeutender Rückgang ein, der sich besonders im Jahre 1913 bemerklich macht.

Der Zufuhr zum Münchener Viehhof steht eine in der Regel namhafte Ausfuhr gegenüber, die allerdings in anormalen Jahren wie 1911 zusammenschrumpft. Im allgemeinen ist sie von dem Grade der Beschickung des Markts abhängig, wird aber im Einzelfalle auch von den über den Viehhof wegen Seuchenausbruchs verhängten Sperrmaßnahmen beeinflußt. Als Stapelplatz schweren Großviehs erfolgt von München aus ein Export von solchem nach vielen Teilen Süddeutschlands bis zur Rheinprovinz hinauf, während Kälber und Schweine hauptsächlich in die nähere Umgebung (Orte wie Starnberg usw.) sowie in die Kurorte des bayrischen Oberlandes versandt werden. Über den Umfang des Viehexports seit 1891 unterrichtet die nachstehende Übersicht 5.

Tabelle 5.

Die Ausfuhr von Vieh.

Jahre	Ausgeführte(s) [1]			Jahre	Ausgeführte(s) [1]		
	Großvieh	Kälber	Schweine		Großvieh	Kälber	Schweine
Durchschnitt 1891/95	9 023	225	1 395	1906	34 880	13 019	11 031
1896/1900	20 472	6 504	3 196	1907	31 532	13 916	25 232
				1908	27 219	11 180	16 006
1901	34 039	8 824	5 675	1909	32 797	13 774	18 662
1902	46 171	9 021	7 339	1910	28 444	13 076	18 358
1903	50 893	10 760	7 887				
1904	37 687	9 735	12 118	1911	3 758	5 161	24 569
1905	40 146	11 095	10 493	1912	13 082	11 127	35 566
				1913	28 171	17 150	37 732

Die Ausfuhr an Großvieh umfaßt alle Sorten desselben, Ochsen und Bullen sowohl wie Kühe und Jungrinder.

In obiger Darstellung sind die für die Zufuhr von Vieh nach München bedeutsameren Faktoren nur knapp behandelt worden, um zunächst einen allgemeinen Überblick über die Zufuhrverhältnisse zu gewinnen. Nachstehend soll dies an Hand einer Veröffentlichung des Statistischen Amtes der Stadt München [2] und späterer Ergänzungen, die

[1] Stückzahl.

[2] „Mitteilungen" Bd. XI, S. 344 ff.

den städtischen Verwaltungsberichten entnommen sind, etwas eingehender geschehen.

Die Grundlage der auf gesundheitspolizeiliche Erwägungen gestützten Vieheinfuhrverbote für Bayern bildet das bayrische Gesetz vom 7. April 1869, betr. die Maßregeln gegen die Rinderpest, das am 1. Januar 1872 als Reichsgesetz in Kraft trat. In einer hierzu 1873 erlassenen Anweisung waren erleichternde Bestimmungen für die Einfuhr von Schlachtvieh nach den Städten, in denen Schlachthäuser mit Bahnanschluß vorhanden waren, vorgesehen.

Über die in den einzelnen Jahren seit Eröffnung des Münchener Schlacht- und Viehhofs erfolgten staatlichen und gemeindlichen Maßnahmen usw. ist folgendes zu sagen:

1878. Als Ergänzung des Gesetzes vom 7. April 1869 erging das Reichsgesetz vom 21. Mai 1878, betr. Zuwiderhandlungen gegen die zur Abwehr der Rinderpest erlassenen Vieheinfuhrverbote. Von Januar bis Oktober 1878 wurden von der bayrischen Regierung besondere Bewilligungen für eine verstärkte Einfuhr von Mastvieh erteilt.

1879. Eine über Böhmen im März verhängte Sperre auf Rindvieh, Schafe und Ziegen wurde Ende Juli auf ganz Österreich-Ungarn ausgedehnt; nur für Nutz- und Zuchtvieh sehr beschränkte Zufuhr (6 Stück), 60 tägige Sperre, Erhebung tierärztlicher Besichtigungsgebühren (Großvieh 50, Jungvieh 40, Kälber unter 6 Wochen 20, Schweine 10, Schafe 5 Pf. das Stück).

Durch das Reichsgesetz vom 15. Juli 1879, betr. den Zolltarif des deutschen Zollgebietes usw. wurden folgende Zölle (für je 1 Stück) eingeführt:

Ochsen	20 Mk.	Schweine	2,50 Mk.
Stiere und Kühe	6 „	Schafvieh	1,00 „
Jungvieh bis zu 2½ Jahren	4 „	Lämmer	0,50 „
Kälber	2 „		

1880. Grundlage weiterer polizeilicher Maßregeln bildet das Reichsgesetz, betr. die Abwehr und Unterdrückung von Viehseuchen vom 23. Juni 1880 (am 1. April 1881 in Kraft getreten). Durch Kaiserl. Verordnung vom 25. Juni 1880 wurde die Einfuhr von gehacktem oder sonst zubereitetem Schweinefleisch und von Würsten aller Art aus Amerika verboten (ausgenommen für ganze Schinken und Speckseiten); bei ausreichenden Kontrollmaßregeln waren Ausnahmen zulässig.

1881. Milderung der Maßnahmen gegen Österreich: 12 Stück Jahreseinfuhr, 45 tägige Sperre.

1882. Zusammenstellung sämtlicher in Kraft stehender Sperrmaßregeln gegenüber Österreich-Ungarn, der Schweiz und Rußland (Gesetz- und Verordnungsblatt 1882 S. 29 ff.).

1883. Durch Kaiserl. Verordnung vom 6. März Verbot der Einfuhr von Schweinen, von Schweinefleisch einschl. der Speckseiten sowie von Würsten aller Art amerikanischen Ursprungs. Beschränkung der Rindvieheinfuhr aus Italien (30 tägige Quarantäne). Vom 30. August bis 22. Oktober fand eine völlige Sperrung der Vieheinfuhr nach Oberbayern, Schwaben und Neuburg statt. Im November 1883 neuerliche Vorstellung der Münchener Metzgergenossenschaft an das Königl.

Staatsministerium des Innern, die Aufhebung der Grenzsperre gegen Österreich bei der Reichsregierung zu befürworten. Der Münchener Magistrat schloß sich der Eingabe im Interesse der Lebensmittelversorgung der Stadt an.

1884. Durch Ministerialbekanntmachung vom 5. Februar ausnahmsweise Durchfuhr von frischem Kalbfleisch auf der Eisenbahn von Kufstein über Rosenheim nach Salzburg gestattet. Unverändert hohe Fleischpreise infolge des hohen Viehzolls und der langen Sperre gegen Österreich sowie infolge des Rückgangs der Haut- und Unschlittpreise.

1885. Es erfolgten eine Reihe von Verboten der Ein- und Durchfuhr lebender Schafe, Schweine und Ziegen aus Österreich, seinen Hinterländern, Rußland usw., sowie ab November auch aus der Schweiz und Italien; rascher Rückgang der Haut- und Unschlittpreise, daher Erschwerung des Einkaufs von Großvieh.

Durch das Reichsgesetz vom 22. Mai 1885, betr. die Abänderungen des Zolltarifgesetzes vom 15. Juli 1879 wurden die Zölle erhöht für

1 Ochsen auf . . .	30 Mk.	1 Schwein auf	6 Mk.
1 Stier oder Kuh auf	9 „	1 Spanferkel auf . . .	1 „
1 Jungrind auf . .	6 „	ausgeschlachtetes, frisches u.	
1 Kalb auf . . .	3 „	zubereitetes Fleisch 100 kg	20 „

Für Schafvieh und Lämmer blieb der frühere Zollsatz von 1 Mk. und 0,50 Mk. bestehen.

1886. Öfters Einfuhr von Ochsen aus Holstein und Norddeutschland, die aber im allgemeinen dem Münchener Geschmack nicht entsprachen.

1887. Infolge Ministerialbekanntmachung vom 22. Januar 1887 Überprüfung der bestehenden Sperrbestimmungen, die fast alle aufrechterhalten bleiben. Erleichterung für die Landwirte in den Grenzbezirken bezüglich der Einfuhr von Nutz- und Zuchtvieh. Die Münchener Metzgermeister klagen — trotz Erhöhung der Viehzölle — über neuerliche Forderungen des Großgrundbesitzes und über die zu geringen Zölle auf Rohunschlitt (100 kg = 2 Mk.) und Rohhäute (kein Zoll). Hohe Futterpreise.

1888. Zeitweise Verschärfungen der Einfuhrbeschränkungen, zumal auch gegen die Schweiz; schlechte Futterernte. Starker Fleischverbrauch infolge der Zentenarfeier und dreier Ausstellungen; Grenzsperre gegen Österreich empfindlich fühlbar, da der Ersatz aus Norddeutschland quantitativ und qualitativ nicht ausreicht.

1889. Durch eine Bekanntmachung des Königl. Staatsministeriums des Innern vom 8. Februar wird die Ein- und Durchfuhr von Schweinen aus Österreich wegen der dort stark verbreiteten Maul- und Klauenseuche verboten, ebenso Verschärfung der Rindviehsperre. Ein Gesuch der Münchener Schweinemetzger vom 26. Februar um Aufhebung des Einfuhrverbotes oder ausnahmsweise Gestattung der Einfuhr, das vom Schlacht- und Viehhof und vom Magistrat befürwortet ist, findet zunächst Ablehnung. Die ausnahmsweise am 5. Juni erteilte Erlaubnis beschränkter Schweineeinfuhr erledigt sich durch Kaiserl. Verordnung vom 14. Juli, die eine Zufuhr lebender Schweine aus Österreich-Ungarn, dessen Hinterländern und Rußland verbietet. Mangelhafter Fleischwert namentlich bei Großvieh, mangelhafte Mästung und zahlreiche Schlachtung von Jungrindern infolge der schlechten Futterernten der beiden Vorjahre. Starker Zutrieb norddeutschen Viehs, während die Einfuhr amerikanischer Ochsen infolge Erschwerungen an der Grenze bald wieder eingestellt wird. Stärkere Preissteigerungen der meisten Fleischsorten. Eingaben des Stadtmagistrats, sowie der Handels- und Gewerbekammer für Oberbayern um ganze oder beschränkte Öffnung der Grenzen.

1890. Das Gesuch des Magistrats wird Anfang Februar mit dem Hinweis auf den Stand der Maul- und Klauenseuche in Österreich abgelehnt. Anfang April wird jedoch die Einfuhr von lebenden Schweinen aus Österreich-Ungarn in die Schlachthöfe von Nürnberg und München ausnahmsweise gestattet, ist aber auf bestimmte Eingangsstationen, unter Erfüllung besonderer polizeilicher Auflagen, beschränkt. Trotz des Sechsmarkzolles stärkere Schweineeinfuhr, die einen merklichen Preisrückgang zur Folge hat. Eine weitere Eingabe des Magistrats an das Königl. Staatsministerium des Innern vom 20. Mai betraf die Einfuhr von Kälbern und Großvieh aus Österreich nach München zu dortiger sofortiger Schlachtung (über die Begründung des Antrags sowie ein vom Magistrat am 29. August erstattetes eingehendes Gutachten und die von landwirtschaftlicher Seite vorgebrachten Gegengründe vergleiche Verwaltungsbericht der Stadt München für 1890, S. 123 ff.), der eine nochmalige Vorstellung am 14. Oktober folgte. Auf Antrag Bayerns beschloß der Bundesrat am 4. Dezember, daß die Landesregierungen ermächtigt werden, die Einfuhr von lebendem Rindvieh aus Österreich-Ungarn in größere Städte, die öffentliche Schlachthäuser besitzen, unter gewissen Bedingungen (Ursprungs- und Gesundheitszeugnis, Untersuchung durch beamtete Tierärzte an der Grenze, unmittelbare Überführung, alsbaldige Schlachtung) zu gestatten. In ähnlicher Weise wurde bald darauf die Einfuhr lebender Schweine, sowie von Rindvieh aus Italien zugelassen.

1891. Durch Kaiserl. Verordnung vom 3. September trat das für lebende Schweine und sonstige Fleischwaren amerikanischer Herkunft im Jahre 1883 erlassene Einfuhrverbot außer Kraft, sofern Tiere und Fleisch vorher vorschriftsmäßig untersucht und für einwandfrei befunden waren. Trotz der gestatteten österreichischen Einfuhr Klagen der Metzgermeister über die Höhe der Viehpreise, da Unternehmerrisiko, Zoll- und Transportspesen zu hoch.

Durch die Handels- und Zollverträge vom 6. Dezember 1891 mit Österreich-Ungarn usw. wurden mit Geltung vom 1. Februar 1892 die Eingangszölle wie folgt festgesetzt: Ochsen 25,50 Mk. (für Bewohner des Grenzbezirks unter Beschränkungen 20 Mk.), Jungvieh bis zu 2½ Jahren 5 Mk., Stiere und Kühe 9 Mk., Kälber unter 6 Wochen 3 Mk., Schweine 5 Mk., Spanferkel unter 10 kg und Schafvieh 1 Mk., Lämmer 50 Pf. für ein Stück.

1892. Vollzugsbestimmungen zum Viehseuchenübereinkommen mit Österreich-Ungarn, das mit dem Zoll- und Handelsvertrag gleichzeitig abgeschlossen war, vom 27. Februar 1892. Die Zollermäßigungen im Handelsvertrag fielen für München zunächst wenig ins Gewicht.

1893. Verbot der Schafeinfuhr und Wiedereinführung der Einfuhrbeschränkungen von 1883 gegenüber italienischem Rindvieh. Infolge anormaler Hitze und Trockenheit großer Futtermangel, zumal in Nordbayern, und demgemäß starkes Viehangebot. Zur Beratung über den hierdurch für München geschaffenen Zustand Einberufung einer Enquetekommission durch den Magistrat (Verwaltungsbericht der Stadt München für 1893, S. 138).

1894. Abänderung des Viehseuchengesetzes von 1880 durch das Reichsgesetz vom 1. Mai 1894. Erleichterung des Viehimports aus Italien, dagegen Verbot des Bezugs von Rindvieh und Rindfleisch aus Amerika. In Nachwirkung der Vorjahrsverhältnisse außerordentliche Steigerung der Vieh- und Fleischpreise, der durch fremde Zufuhren nur teilweise zu begegnen war.

1895. Zwecks Verhütung der Übertragung von Viehseuchen völlige Trennung des österreichischen Großviehmarktes vom bayrischen im städtischen Viehhofe. Neuerdings Sperre gegen Italien. Instruktion des Bundesrats zum Viehseuchengesetz.

1896. Infolge des Verbots der Schweineeinfuhr aus Österreich-Ungarn großer Mangel an Speckschweinen, weshalb trotz des bestehenden hohen Zolles roher Speck aus Wien und Budapest eingeführt wird; zunehmende Schweineeinfuhr aus Norddeutschland. Verbot der Vieheinfuhr aus Tirol und Vorarlberg.

1897. Eine Ministerialentschließung vom 12. März verfügt die Einführung des dreitägigen Schlachtzwangs für Schlachtvieh österreichisch-ungarischer Herkunft. Die Beschränkungen gegen Tirol und Vorarlberg werden außer Geltung gesetzt.

1898. Das seit mehreren Jahren bestehende Verbot der Zufuhr österreichisch-ungarischer Schweine veranlaßt eine starke Steigerung der Schweinepreise.

1899. Rückgang der Schweinepreise infolge Erhöhung des einheimischen Angebots und der Steigerung der norddeutschen Zufuhr. Eröffnung der Kühlanlage im Schlachthof.

1900. Das Reichsgesetz vom 30. Juni 1900, betr. die Schlachtvieh- und Fleischbeschau (vollständig am 1. April 1903, teilweise schon früher in Kraft getreten) regelt die Untersuchungspflicht des Schlachtviehs. Schweineeinfuhrverbote gegen Rumänien und Serbien; Wiederzulassung geschlachteter Schweine aus Österreich-Ungarn seit Ende des Jahres.

1901. Infolge verringerter Schweineschlachtungen starkes Anziehen der Schweinepreise.

1902. Das Zolltarifgesetz vom 25. Dezember 1902 setzte für Vieh und Fleisch folgende Zölle fest:

	Für 1 dz in Mk.:
Rindvieh	18
(Ermäßigte Sätze für Bullen von Höhenvieh, die zu Zuchtzwecken, sowie von Zugochsen, die in die Grenzbezirke eingeführt werden.)	
Schafe	18
Ziegen	18
Schweine	18
Fleisch ausschließlich des Schweinespecks und genießbare Eingeweide von Vieh:	
frisch, auch gefroren	45
einfach zubereitet	60
zum feineren Tafelgenuß zubereitet	120
Anmerkungen: 1. Nicht lebendes Vieh, zum Genusse verwendbar, unterliegt der Verzollung als frisches Fleisch von Vieh. 2. Frisches und einfach zubereitetes knochenfreies Fleisch (auch Zungen, jedoch nicht genießbare Eingeweide) unterliegen einem Zollzuschlag von 20 v. H. bzw. 10 v. H.	
Schweinespeck	36
Würste	70

Mit Genehmigung der Königl. Regierung von Oberbayern Verlängerung der Schlachtfrist für Tiere österreichisch-ungarischer Herkunft von 3 auf 5 Tage. Wegen der Höhe der Fleischpreise trat im November eine Kommission im Staatsministerium des Innern zusammen; die Ergebnisse ihrer Beratungen wurden in einer Denkschrift niedergelegt.

1903. Am 1. April Inkrafttreten des Schlachtvieh- und Fleischbeschaugesetzes.

1904. Sehr hohe Schweinefleischpreise. Ministerialentschließung an die Stadtverwaltung, dagegen zur Selbsthilfe durch Schaffung von Konkurrenzunternehmungen usw. zu schreiten. Zu besonderen praktischen Maßnahmen kam es jedoch nicht (Verwaltungsbericht der Stadt München für 1903, S. 198).

1905. Sehr gesteigerte Fleischpreise für alle Fleischgattungen infolge eines großen Mangels an Schlachtvieh, mitbedingt durch die ungünstigen Futterverhältnisse der Vorjahre und die Sperrung der Grenzen. Eingabe der Stadtverwaltung an die Regierung um Öffnung der Grenzen für Schweine italienischer Herkunft und um Befürwortung im Bundesrat, für die Dauer der Fleischteuerung die Vieh- und Fleischzölle außer Hebung zu setzen. Zusammentreten einer Kommission aller Interessenten (Vertreter der Landwirtschaft, der Städte, des Metzgergewerbes usw.) im Staatsministerium des Innern am 6. November, deren Beratungen ebenfalls nicht zu praktischen Ergebnissen führten (Verwaltungsbericht der Stadt München für 1905, S. 79 ff.).

1906. Am 1. März Inkrafttreten des Vertragstarifs, der die Zollsätze des autonomen Tarifs folgendermaßen abänderte:

	Für 1 dz in Mk.:
Rindvieh	8
Schafe	8
Schweine	9
Fleisch, ausschließlich des Schweinespecks und genießbare Eingeweide von Vieh:	
frisch, auch gekühlt, nicht gefroren	27
einfach zubereitet	35
zum feineren Tafelgenusse zubereitet	75

Anmerkungen:

1. Zum Satz von 27 Mk. werden vertragsmäßig auch zerlegte Schweine einschl. des daran haftenden Schweinespecks verzollt.
2. Nicht lebendes Vieh, zum Genusse verwendbar, unterliegt der Verzollung als frisches Fleisch von Vieh.
3. Frisches und einfach zubereitetes, knochenfreies Fleisch (auch Zungen, jedoch nicht genießbare Eingeweide) unterliegen einem Zollzuschlag von 20 v. H. bzw. 10 v. H. Gepökelte oder geräucherte Schweineschinken werden nach dem vertragsmäßigen Satze für einfach zubereitetes Fleisch ohne Zollzuschlag verzollt.

An die Stelle des Viehseuchenübereinkommens mit Österreich von 1891 zur Regelung des Verkehrs mit Tieren und tierischen Rohstoffen trat im Anschluß an den neuen Vertrag mit Österreich (Zusatzvertrag zum Handels- und Zollvertrag von 1891 vom 25. Januar 1905) auch ein neues Übereinkommen, dessen Schlußprotokoll ein Kontingent von 80000 Schweinen für die jährliche Einfuhr nach Deutschland festsetzte, wovon 50000 oder wöchentlich 962 Stück — frei befunden von Schweineſeuche ſowie Maul- und Klauenſeuche — in den Schlachthäuſern zu Roſenheim und Paſſau zur Abſchlachtung gelangen und u. a. auch nach München verſandt werden dürfen. Vollzugsvorſchriften hierzu durch das Königl. Staatsminiſterium des Innern vom 25. Februar; bei dieſer Gelegenheit Zuſammenſtellung ſämtlicher in Kraft ſtehender Einfuhrverbote gegenüber den Balkanſtaaten, Rußland, Italien, Schweiz, Frankreich und Amerika.

Die Einfuhr aus Öſterreich-Ungarn nahm bei allen Viehgattungen, beſonders bei Kühen, Stieren und Rindern, infolge der Zollerhöhungen und der in Öſterreich beſtehenden hohen Viehpreiſe erheblich ab; dieſem Rückgang ſtand eine geringe, qualitativ überdies wenig befriedigende Mehrzufuhr aus Bayern gegenüber.

1907. Günſtigere Preisverhältniſſe, namentlich für Schweine, infolge ſehr ſtarker Zufuhren aus Norddeutſchland.

1908. Weiterer Preisrückgang, ausgenommen für Schweine, deren Zufuhr aus Norddeutſchland ſich wegen der dort verbreiteten Maul- und Klauenſeuche verringerte.

1909. Fortdauer des Schweinemangels verbunden mit entſprechenden Preisſteigerungen. Reichsgeſetz vom 8. Februar 1909, betr. den Markthandel mit Schlachtvieh.

1910. Abgeſehen von den Schweinepreiſen, die zurückgingen, ſehr hohe Viehpreiſe. Da die Zufuhr aus Öſterreich-Ungarn wegen der dort herrſchenden Maul- und Klauenſeuche gegen Ende des Jahres immer mehr abnahm, wurde durch Miniſterialbekanntmachung vom 19. November die Einfuhr von Schlachtvieh aus Frankreich nach Bayern geſtattet und zwar erhielt München ein Kontingent von 500 Stück Großvieh und 400 Schweinen pro Woche zugeſtanden. Letztere wurden jedoch nicht eingeführt. Durch den Import der den öſterreichiſchen Ochſen qualitativ wenig nachſtehenden franzöſiſchen Ochſen wurde einer erneuten ſtarken Preisſteigerung vorgebeugt.

1911. Durch Miniſterialbekanntmachung vom 9. März wurde die Erlaubnis zur Einfuhr von franzöſiſchem Schlachtvieh wieder aufgehoben. Die Maul- und Klauenſeuche herrſchte in unverminderter Heftigkeit, ſo daß der Markt faſt das ganze Jahr unter Ausfuhrſperre ſtand. Weitere Steigerung der Großviehpreiſe, da die öſterreichiſche Zufuhr zwar wieder einſetzte, aber die Höhe der Vorjahre nicht zu erreichen vermochte. Dagegen überreichliches Angebot von Schweinen, zum Teil durch die klimatiſchen Verhältniſſe bedingt, insbeſondere ſolchen norddeutſcher Herkunft und infolgedeſſen Minderung der Schweinepreiſe.

1912. Bei fortwährend knappen Zufuhren und hohen Viehpreiſen erfuhr die Schlachtfrequenz aller Viehgattungen eine erhebliche Abnahme. Insbeſondere verringerte ſich die Zufuhr von Schweinen aus Norddeutſchland. Die Steigerung der Vieh- und Fleiſchpreiſe verurſachte eine erhebliche Abnahme. Insbeſondere verringerte ſich die Zufuhr von Schweinen aus Norddeutſchland. Die Steigerung der Vieh- und Fleiſchpreiſe verurſachte eine Reihe von ſtaatlichen, kommunalen und privaten Maßnahmen zur Linderung der Teuerung: Erleichterungen der bayriſchen Staatsregierung zur Einfuhr von Fleiſch und Vieh aus dem Auslande nach Maßgabe der Miniſterialentſchließung vom 2. Oktober; Beſchluß des Bundesrats vom 10. Oktober, für die Zeit bis zum 31. März 1914 mit Wirkung vom 1. Oktober 1912 den Gemeinden, die friſches, auch gefrorenes

Fleisch aus dem Auslande einführen und unter Einhaltung der vorgeschriebenen Bedingungen zu angemessenen Preisen an die Verbraucher gelangen lassen, den Eingangszoll bis auf den Betrag zu erstatten, der sich ergibt, wenn anstatt der Zollsätze von 35 bzw. 27 Mk. der Zollsatz von 18 Mk. pro Doppelzentner zugrunde gelegt wird; Vergünstigungen auf dem Gebiete der Eisenbahntarife; Fleischbezug durch die Stadtverwaltung (Bericht des städtischen Schlacht- und Viehhofs für 1912, S. 5 u. 6).

1913. Allmähliche Besserung der Verhältnisse auf dem Viehmarkt, da die Zufuhr von Großvieh sich wieder hob, während an Kleinvieh zeitweise noch Mangel herrschte. Die durch Ministerialentschließung vom 2. Oktober 1912 gestattete Einfuhr von holländischem Rindvieh wurde wegen Ausbruch der Maul- und Klauenseuche in Holland ab 1. April wieder eingestellt; dafür Bezug von Großvieh aus Dänemark. Rückgang der Großviehpreise in der zweiten Jahreshälfte. Sehr hohe Kälberpreise im Mai und Juni. Der Bezug von ausländischem Fleisch durch die Stadtgemeinde dauerte bis April; weitere gemeindliche Maßnahmen erübrigten sich.

b) Verzehr an Schlachtvieh.

Im vorliegenden Abschnitt sind hauptsächlich die Schlachtungen im städtischen Schlachthofe und im sonstigen Stadtgebiete, sowie die im geschlachteten Zustande eingeführten Viehstücke zahlenmäßig zu würdigen. Dazu kommt der Nachweis über die Einfuhr roher Fleischwaren und der Verkehr an der städtischen Freibank.

Im allgemeinen folgen die Schlachtziffern den Ziffern über die Zufuhr von Vieh nach München, d. h. die Schwankungen in der Beschickung des Markts prägen sich in den Schlachtungen deutlich aus. Recht bemerkenswert sind in dieser Hinsicht namentlich die Ziffern für die letzten Jahre.

Die nachstehende Übersicht enthält sowohl die im Schlachthof geschlachteten wie die in den Viehhof geschlachtet eingeführten Tiere, für welche die festgesetzten Schlachthofgebühren bezahlt wurden. Die Schlachtungen von Ochsen sind namentlich infolge der Verringerung der österreichischen Zufuhr zurückgegangen, die durch den Import aus anderen Ländern nur teilweise auszugleichen war. Bemerkenswert ist, daß die Schlachtungen von Bullen im Laufe der Jahre wenn auch unter Schwankungen ständig zugenommen haben. Das beruht darauf, daß das Stierfleisch in erster Reihe bei der Zubereitung von Wurstwaren Verwendung findet, deren Konsum sich wegen der Verteuerung des Fleisches dauernd erhöht. Im Gegensatz dazu ist die Zahl der Rinder (Jungrinder) zurückgegangen, da dieselben neuerdings in einem weiter vorgeschrittenen Ernährungszustande auf den Markt kommen und nicht mehr

Tabelle 6.

Der Verkehr im Schlachthof.

Jahre	I. Im Schlachthof geschlachtet												II. Geschlachtet eingeführt					Gesamtverzehr
	Großvieh					Kälber	Schweine	Schafe und Ziegen	Spanferkel, Lämmer, Kitze	Pferde	Hunde	Insgesamt im Schlachthof geschlachtete Tiere	Kälber	Schweine	Schafe und Ziegen	Spanferkel, Lämmer, Kitze	Insgesamt geschlachtet eingeführte Tiere	
	Ochsen	Bullen	Kühe	Rinder	Zusammen Großvieh													
Durchschnitt 1879/80	18 968	5 781	16 706	4 920	46 375	93 177	74 454	17 266	1 021	711	—	233 004	62 117	3 102	—	1 895	67 114	**300 118**
1881/85	18 916	5 442	18 513	6 664	49 535	96 635	82 605	18 111	1 005	1022	—	248 913	64 423	3 441	—	1 864	69 728	**318 641**
1886/90	21 695	7 016	18 956	7 856	55 523	117 521	117 225	30 876	1 372	1241	—	323 758	65 024	4 884	—	2 664	72 572	**396 330**
1891/95	25 766	9 304	18 671	8 428	62 169	122 764	144 563	33 554	827	1666	—	365 543	61 937	6 516	—	4 417	72 870	**438 413**
1896/1900	30 153	11 533	17 937	11 287	70 910	154 614	191 932	36 442	1 388	1665	—	456 951	67 110	10 833	—	4 125	82 068	**539 019**
1901	30 566	10 647	21 471	15 385	78 069	171 179	195 280	37 829	1 808	2055	—	486 220	68 886	18 043	—	2 989	89 918	**576 138**
1902	30 322	10 372	22 835	14 407	77 936	160 822	175 202	36 718	2 682	2305	—	455 665	68 149	17 883	—	2 494	88 526	**544 191**
1903	30 802	16 885	20 772	3 798	72 257	146 547	214 185	29 914	2 511	2459	166	468 039	58 373	9 410	—	4 598	72 381	**540 420**
1904	30 310	16 002	18 750	2 978	68 040	139 932	235 881	30 460	3 901	2592	99	480 905	54 025	6 750	—	5 903	66 678	**547 583**
1905	28 432	16 568	21 424	4 122	70 546	144 875	186 846	33 596	1 858	2898	110	440 729	56 918	11 954	—	4 262	73 134	**513 863**
1906	28 277	14 558	21 505	4 155	68 495	149 676	173 063	31 221	3 072	2949	152	428 628	57 219	10 629	—	4 415	72 263	**500 891**
1907	26 573	14 726	20 924	4 310	66 533	153 364	252 042	30 250	4 796	2839	86	509 910	58 997	8 554	5	4 731	72 287	**582 197**
1908	27 360	16 786	20 773	5 504	70 423	175 966	255 756	36 927	4 181	2622	89	545 964	56 740	8 296	—	5 335	70 371	**616 335**
1909	29 121	16 049	20 620	5 666	71 456	184 943	224 129	40 941	4 150	2754	114	528 487	56 615	7 400	2	4 277	68 294	**596 781**
1910	30 927	14 727	19 828	4 598	70 080	172 441	238 681	38 819	3 427	2573	84	526 105	52 315	7 933	—	5 653	65 901	**592 006**
1911	28 973	14 243	21 242	5 669	70 127	172 834	325 911	34 527	17 094	2619	97	623 209	48 684	27 744	18	13 578	90 019	**713 228**
1912	27 994	13 910	20 418	4 533	66 855	170 906	304 160	33 171	6 067	2847	107	584 113	50 220	12 565	18	12 366	75 169	**659 282**
1913	26 270	13 647	19 899	4 132	63 948	164 318	254 255	26 918	4 544	3030	122	517 135	45 591	18 780	18	11 205	75 594	**592 729**

als „Rinder" charakterisiert werden. Bei den Kälbern sei auf die in den letzten Jahren verringerte Zahl von geschlachtet eingeführten Tieren hingewiesen, während bei den Schweinen nochmals auf die große Zahl norddeutscher Herkunft im Jahre 1911 aufmerksam zu machen ist. Für die Wurstbereitung kommt übrigens neben Stierfleisch namentlich auch Kalbfleisch in Betracht, woraus u. a. die in München sehr geschätzten Weiß- und Bratwürste hergestellt werden.

Zu den sich im allgemeinen wenig ändernden Schlachtziffern für Schafe und Ziegen ist zu bemerken, daß darunter nur wenige Ziegen sich befinden (1912: 32972 im Schlachthof geschlachtete Schafe gegenüber 199 Ziegen), deren Fleisch nur geringer Nachfrage in München begegnet. Dagegen sind Kitze, die vorzugsweise in geschlachtetem Zustande eingeführt werden, namentlich in der österlichen Zeit recht begehrt; 1912 wurden 2030 derselben im Schlachthofe geschlachtet, während 8388 geschlachtet von auswärts kamen. Im Jahre 1912 war die Zahl der für den Konsum verfügbaren Spanferkel notwendigerweise wieder wesentlich niedriger als im Jahre 1911 mit seinen anormalen klimatischen Verhältnissen bzw. fehlenden Kartoffeln. Es wurden lediglich 1650 (1911: 12738) Spanferkel im Schlachthof geschlachtet und 1824 (2503) geschlachtet eingeführt.

Bezüglich der Pferdeschlachtungen ist darauf hinzuweisen, daß die starke Zunahme der Automobile das Angebot von Pferden zu Schlachtzwecken zurückgehen läßt, obschon in Jahren hoher Fleischpreise eine dringlichere Nachfrage für Pferdefleisch sich geltend macht. Daher ist in den letzten Jahren eine auffällige Zunahme der Pferdeschlachtungen nicht erfolgt, obgleich im Verlauf der letzten Jahrzehnte eine allmähliche Erhöhung derselben stattgefunden hatte. Kaum nennenswert sind die Hundeschlachtungen im städtischen Schlachthof. Allerdings betreffen sie nur solche Tiere, bei denen Herkunft und Entrichtung der Steuer einwandfrei nachgewiesen sind. In Wirklichkeit werden zweifellos mehr Hunde in München geschlachtet und verzehrt, unter denen sich mancher gestohlene befinden dürfte. Bekanntlich ist in einzelnen Volkskreisen der Glauben verbreitet, Hundsfett sei ein Heilmittel gegen Lungentuberkulose.

Das Bestehen des zentralisierten Schlacht- und Viehhofs ist Veranlassung dafür, daß die übrigen Schlachtungen im Stadtgebiete, die als Haus- und Notschlachtungen vorgenommen werden, wenig ins Gewicht fallen. Bis zu den 90er Jahren des vorigen Jahrhunderts betrug ihre jährliche Zahl durchschnittlich 700 bis 800 Stück Groß- und Kleinvieh, um gegenwärtig etwa 500 Stück auszumachen.

Weiterhin ist in diesem Zusammenhange der gesundheitspolizeilichen Vieh- und Fleischbeschau im Schlacht- und Viehhofe zu gedenken. In den letzten Jahren ergaben sich bei der Marktkontrolle der lebenden Tiere folgende Beanstandungen:

Jahre	Ochsen	Bullen, Rinder	Kühe	Kälber	Schweine	Schafe, Ziegen	Lämmer, Kitze	Zusammen
1906	23	10	180	686	628	19	34	**1580**
1907	47	22	442	678	875	23	75	**2162**
1908	67	22	485	686	1047	33	100	**2440**
1909	61	38	421	695	986	52	74	**2327**
1910	54	24	293	676	1242	75	78	**2442**
1911	81	31	366	1023	2947	108	41	**4597**
1912	62	20	372	762	2437	26	41	**3720**
1913	75	14	311	784	2724	45	25	**3978**

Die Beanstandungen des Jahres 1911 übertreffen die der früheren Jahre ziemlich erheblich, welche Mehrung für alle beteiligten Viehgattungen mit Ausnahme der Lämmer und Kitze festzustellen ist. Recht beträchtlich war sie bei den Kälbern, noch größer bei den Schweinen. Bei den letzteren erklärt sie sich aus der starken Zunahme der norddeutschen Zufuhr, welche erfahrungsgemäß nicht durchweg einwandfreies Schweinematerial umfaßt. Auch in den Jahren 1912 und 1913 haben sich die Beanstandungen lebender Schweine auf einem höheren Stande als 1910 und früher gehalten. Die gleichen Wahrnehmungen wurden, wie die nachstehenden Ziffern dartun, bei der tierärztlichen Untersuchung der geschlachteten Tiere gemacht. Es ergaben sich nämlich Beanstandungen:

Jahre	Ochsen	Bullen, Rinder	Kühe	Kälber	Schweine	Schafe, Ziegen	Pferde	Zusammen[1]
1906	4493	1466	5766	2864	5 746	2 143	233	**22 733**
1907	5608	2431	7133	5016	9 168	8 515	215	**38 131**
1908	5558	2910	7295	4004	10 153	20 457	174	**50 564**
1909	5932	2784	7750	4796	19 078	35 980	184	**76 505**
1910	6205	2940	8270	4560	16 582	36 846	281	**75 685**
1911	7939	6405	9538	4401	43 233	31 617	293	**103 426**
1912	7821	4267	9016	4003	42 879	30 278	247	**98 512**
1913	8457	4010	9596	3594	46 773	24 721	310	**97 431**

In der obigen Übersicht sind Spanferkel, Lämmer und Kitze den entsprechenden Tiergattungen zugezählt. Die Zunahme der Beanstandungen

[1] Einschließlich 1906: 22, 1907: 45, 1908: 13, 1909: 1, 1910: 1, 1911: 1, 1912: 1 und 1913: 17 Hunden.

seit 1908 bei Schafen und Ziegen ist dem vermehrten Auftreten von Leberegeln und Lungenwürmern zuzuschreiben [1].

Die beanstandeten Vieh- und Fleischstücke werden entweder als für den menschlichen Genuß völlig untauglich der Thermischen Vernichtungsanstalt zur bestmöglichen Verwertung überwiesen oder sie sind bedingt tauglich. In letzterem Falle gelangen sie nach entsprechender Behandlung in die Freibank, die sie zu geringen Preisen an die Konsumenten veräußert.

Die Zahl der dem menschlichen Genuß gänzlich entzogenen Tiere ist nicht übermäßig groß, wenn sie auch in einzelnen Jahren schwankt. Am häufigsten werden Schweine und Kälber dem Konsum völlig entzogen; bei ersteren ist gerade in den letzten Jahren mit der Steigerung der norddeutschen Zufuhr eine Zunahme der für den Genuß ungeeigneten Tiere eingetreten. Das geht aus den nachstehenden Daten mit Deutlichkeit hervor:

Dem Genuß völlig entzogene Tiere.

Jahre	Ochsen	Bullen, Rinder	Kühe	Kälber	Schweine	Schafe, Lämmer	Ziegen, Kitze usw.	Pferde	Zusammen[2]	Fleisch und Eingeweideteile 100 kg
1906	9	5	53	84	162	12	3	19	**353**	1100
1907	6	5	124	65	192	23	2	49	**466**	2000
1908	8	13	105	125	189	27	1	24	**494**	2100
1909	15	12	120	137	221	34	2	23	**565**	2975
1910	16	10	74	120	180	33	3	34	**471**	3660
1911	12	7	62	105	296	93	3	24	**603**	3810
1912	18	6	61	98	336	20	—	22	**562**	4134
1913	14	3	52	56	414	23	2	24	**588**	4774

Daß die Zahl der der Vernichtung anheimfallenden Ochsen sehr gering ist, beruht auf ihrer erstklassigen Qualität, nachdem einmal die Münchener Bevölkerung für „prima Mastochsenfleisch" besonders eingenommen ist.

Wesentlich größer ist naturgemäß die Menge des der Freibank zur Verwertung überlassenen Viehs. In dieser gelangt einmal das zuvor zwar beanstandete, nach erfolgtem Durchkochen u. dgl. als genußfähig

[1] Über die Ursachen der Beanstandungen (Feststellung von Tuberkulose, Finnen, Schweineseuche, Rotlauf, Distomatose, Maul- und Klauenseuche, Milzbrand, Räude usw.) enthalten die jährlichen Verwaltungsberichte des städtischen Schlacht- und Viehhofs eingehende Nachweisungen.

[2] Einschließlich Hunde und zwar 1906: 6, 1907: —, 1908: 2, 1909: 1, 1910: 1, 1911: 1, 1912: 1, 1913: —.

freigegebene Fleisch zur Veräußerung. Dazu kommt solches aus dem Stadtbezirk, das vom Eigentümer freiwillig eingeliefert wurde. Es ist bereits an dieser Stelle zu betonen, daß die Freibank als eine für die minderbemittelten Volksschichten unentbehrliche Einrichtung angesehen werden muß. Zu Zeiten hoher Fleischpreise ist die Nachfrage nach wohlfeilerem Fleisch in ihr recht dringlich, wie besonders in den letzten Jahren festzustellen war. Das dort verkäufliche Fleisch ist in gesundheitlicher Hinsicht durchaus einwandfrei. Wegen der Wichtigkeit der Freibank für die Fleischversorgung der Minderbemittelten sind die in ihr verwerteten Viehstücke im folgenden bis 1879 zurück angeführt.

Tabelle 7.

Verkehr an der städtischen Freibank.

Jahre	An der Freibank verwertete (Stück)						
	Ochsen	Kühe	Bullen und Rinder	Kälber	Schweine	Schafe	Zusammen
Durchschnitt 1879/80	485	4887	273	937	939	1813	**9 334**
1881/85	690	4004	227	1622	899	801	**8 243**
1886/90	582	3248	148	1563	1 276	748	**7 565**
1891/95	386	2812	120	1170	3 244	266	**7 998**
1896/1900	505	2434	181	1408	2 902	733	**8 163**
1901	401	2199	156	1551	2 163	253	**6 723**
1902	347	2021	117	1673	2 412	372	**6 942**
1903	422	1744	162	1682	3 453	213	**7 676**
1904	443	1685	161	1643	5 181	221	**9 334**
1905	396	2236	146	1636	4 334	180	**8 928**
1906	395	2156	143	1971	3 735	166	**8 566**
1907	409	2225	231	2661	5 198	168	**10 892**
1908	468	1999	245	2186	4 332	252	**9 482**
1909	510	1872	230	2156	3 872	392	**9 032**
1910	658	1706	224	1687	5 615	500	**10 390**
1911	856	2463	198	1644	10 232	796	**16 189**
1912	645	2410	229	1448	8 459	93	**13 284**
1913	713	2507	203	1418	10 230	165	**15 236**

In den letzten Jahren sind die Ziffern für das an der Freibank verwertete Vieh im allgemeinen in die Höhe gegangen. Das beruht, wie bemerkt, einmal auf der Zunahme der Beanstandungen, insbesondere von Schweinen, andererseits darauf, daß zur Linderung der bestehenden Fleischteuerung sich ein Bezug von ausländischem Fleisch ermöglichen ließ. Sofern nun solches Fleisch an einem Tag unverkäuflich blieb, gelangte es hernach zwecks bestmöglicher Verwertung in die Freibank. Immerhin waren auch in den letzten Jahren die Zuweisungen zur Freibank zeitweise größeren Schwankungen unterworfen, da zu viele Faktoren für die Beschickung von Bedeutung sind[1].

In mehrfacher Hinsicht bildet die Einfuhr roher Fleischwaren eine Ergänzung der Schlachtungen. Allerdings ist es nicht möglich, alles nach München gelangende rohe Fleisch zahlenmäßig nachzuweisen, da die Fleischsendungen durch die Post sich nicht ermitteln lassen. Erfahrungsgemäß bestehen letztere weniger aus rohen als aus geräucherten Fleischwaren (Würsten, Schinken usw.). Es handelt sich im vorliegenden Falle um die Sendungen von Fleisch, Speck, Eingeweide und Fleischwaren, die aus dem Zollinlande per Eisenbahn oder Achse in das Stadtgebiet gelangen. Nach Maßgabe der am 15. März 1910 erlassenen ortspolizeilichen Vorschriften müssen die Tiere, von denen das Fleisch usw. herrührt, vor der Zerteilung beschaut und in allen Teilen für vollständig gesund befunden worden sein.

Über die Menge des nach München eingeführten rohen Fleisches einschließlich rohen Specks, Rindslebern, Milzen und Herzen unterrichtet zunächst Übersicht 8.

Der Bezug von Rindfleisch aus auswärtigen Städten ist nicht sehr bedeutend, da die Zufuhr lebenden Rindviehs und die dabei dargebotenen Qualitäten einen Import von Fleisch entbehrlich erscheinen lassen. Auch bei Schweinefleisch ist die Einfuhr nicht erheblich, wenn auch in einzelnen Jahren höhere Ziffern erreicht werden; sie erübrigt sich meist wohl ebenfalls wegen der großen Zufuhren lebender Tiere. Schaf- und Kalbfleisch kommen nur in ganz geringen Mengen nach München. Man muß dabei

[1] Im Jahresbericht für 1912 des städtischen Schlacht- und Viehhofs (S. 14) heißt es in dieser Hinsicht: „Die Deckung des Bedarfs für die Freibank gestaltete sich im Laufe des Jahres 1912 schwieriger als im Vorjahre, weil nicht nur weniger ganze Tiere beanstandet, sondern auch weit weniger zur freiwilligen Verwertung angeboten wurden. Die hohen Viehpreise überhaupt, denen die Fleischverkaufspreise in der Freibank trotz namhafter Erhöhung doch niemals folgen konnten, sowie die Steigerung des Exports infolge Aufhebung der wegen Maul- und Klauenseuche verfügten Sperrmaßregeln ermöglichten eine bessere Verwertung der vorhandenen Marktbestände im freien Verkehr, als dies in der Freibank möglich gewesen wäre. Dazu kam noch besonders der große Ausfall in der Zufuhr und die bessere Qualität der im Jahre 1912 zum Markte gebrachten Schweine. Erst mit der weiteren Entwicklung der Einfuhr frischen Fleisches aus Dänemark und Holland konnte der Bedarf an Rindfleisch völlig gedeckt werden, weil das von den Metzgern nicht gekaufte Fleisch nur in der Freibank Verwertung finden konnte. Dagegen war Kalb- und Schweinefleisch niemals in der genügenden Menge vorhanden."

Tabelle 8.

Einfuhr roher Fleischwaren.

Jahre	Rindfleisch	Schweinefleisch	Roher Speck	Pferdefleisch	Schaffleisch	Kalbfleisch	Rindslebern à 6 kg	Milzen à 1 kg	Herzen à 1 kg
	Kilogramm								
Durchschnitt 1891/95	2 665	49	—	6 563	—	—	37 004	6 800	321
1896/1900	4 065	113	30 701	7 979	—	53	58 883	102 869	1 678
1901	9 180	459	61 188	3 160	—	—	82 620	301 060	1 663
1902	7 739	152	62 068	6 215	—	—	75 294	356 329	1 253
1903	10 332	45	39 838	9 203	40	—	61 428	366 985	4 163
1904	6 803	206	32 608	10 296	—	—	59 910	390 312	7 577
1905	9 447	530	36 010	10 280	—	56	47 892	386 842	9 401
1906	11 274	23 279	22 630	15 326	—	—	36 738	400 814	6 852
1907	13 015	9 653	46 304	17 411	369	410	39 756	435 828	13 996
1908	19 171	20 027	46 231	12 685	508	—	38 046	459 357	18 871
1909	20 491	38 922	45 271	15 614	561	—	37 938	504 475	21 712
1910	16 761	79 618	53 779	22 490	761	213	31 542	500 780	23 673
1911	23 964	57 629	97 316	16 933	594	111	32 040	480 408	26 666
1912	20 094	30 931	112 804	27 981	319	303	29 568	487 399	27 568
1913	6 066	47 480	73 987	25 656	360	30	19 476	477 917	17 598

im ganzen berücksichtigen, daß es sich nicht um Fleischsendungen, die als besonders wohlfeil von der Bevölkerung bevorzugt würden, handelt. Sie betreffen in der Regel auch kein ausländisches Fleisch bzw. Gefrierfleisch, dessen Bezug die geltende Gesetzgebung fast ausschließt. Die mehr theoretische Frage, ob solches in München größeren Absatz finden würde, kann daher unberührt bleiben. An sich hängt natürlich die Fleischzufuhr von dem Stande der Schlachtungen im Inlande ab; gehen diese zurück, so verringert sich auch der Export von dort nach München. Andererseits sind die Zufuhren von rohem Speck in den letzten Jahren ziemlich in die Höhe gegangen. Das beruht einmal auf der Verteuerung des Fleisches, die einen steigenden Konsum von Speck herbeiführt, und ferner auf dem Umstande, daß sich infolge der Zufuhr von mageren „Bratenschweinen" der für Haushaltungszwecke benötigte Speck nicht in ausreichendem Maße in München vorfindet.

Das eingeführte rohe Fleisch stammt ganz überwiegend aus der Umgebung Münchens, Schweinefleisch dagegen vorzugsweise aus Berlin, während roher Speck aus Berlin, Braunschweig und Hamburg kommt. Der früher sehr bedeutende Import von Speck aus Wien wurde nach Inkrafttreten des Fleischbeschaugesetzes am 1. April 1903 eingestellt.

Recht bemerkenswert sind weiterhin die Einfuhren von Rindslebern, Milzen und Herzen. Von der Münchener Einwohnerschaft werden Lebern (geröstet, gebacken oder sauer zubereitet) und Herzen (gedünstet oder am Rost zubereitet) namentlich zum zweiten Frühstücke gern verzehrt; der recht dringlichen Nachfrage könnte aber durch die Lebern und Herzen der in München geschlachteten Tiere nur unzureichend begegnet werden. Für die minderbemittelte Bevölkerung sind die Milzen von Bedeutung, um an Stelle der immerhin teuereren Leber als sogenannte Suppenausschnitte verwendet oder zu Milzwürsten verarbeitet zu werden. Anderorts werden diese Eingeweide nicht geschätzt und dort zu sehr billigen Preisen abgegeben, weshalb die Nachfrage nach ihnen in München, zumal in Zeiten hoher Fleischpreise, dauernd zunimmt.

Zu den angeführten Fleischwaren kommen weitere hinzu, die teilweise ebenfalls eine Spezialität der Münchener Bevölkerung bilden. In erster Reihe gilt das für Kalbs- und Rinderlungen, dann auch für Nieren und Kuttelwaren. Um welche Fleischwaren es sich dabei sonst noch handelt, geht aus Übersicht 9 hervor.

Tabelle 9.

Einfuhr roher Eingeweide usw.

Jahre	Rinderzungen	Rinderlungen	Kalbslungen	Schweinsgeschlinge	Nieren	Euter	Kopffleisch[1]	Kuttelwaren
	Stück							
Durchschnitt 1891/95	—	—	—	—	—	—	—	232
1896/1900	—	6 594	—	66	—	—	—	—
1901	—	21 198	—	867	—	—	—	—
1902	—	9 411	—	3345	—	—	—	—
1903	49	16 165	—	298	75	—	—	176
1904	26	17 654	—	445	—	—	—	241
1905	99	22 914	—	191	—	—	—	294
1906	172	29 587	—	204	100	173	—	—
1907	108	34 133	6 270	1135	37	157	—	1060
1908	296	30 008	7 569	1244	261	240	224	1674
1909	538	35 542	9 457	961	1485	159	1410	3332
1910	727	39 229	11 113	719	4149	659	936	3893
1911	380	48 709	12 483	2207	2862	1338	312	4043
1912	996	53 711	14 726	3770	1831	2110	2764	5028
1913	2339	55 335	11 271	2531	1485	2809	922	5290

[1] Schweinsköpfe.

Die nach München eingeführten Fleischwaren werden im Schlachthofe einer nochmaligen Beschau unterworfen; mit Ausnahme der Milzen (1912: 15911 Stück) fallen die beanstandeten Stücke zahlenmäßig wenig ins Gewicht.

Es ist beachtenswert, daß sich unter den rohen Fleischwaren und Eingeweiden solche befinden, die auch in Zeiten der Fleischteuerung zu mäßigen Preisen gekauft werden können, obschon sie dem eigentlichen Fleische nicht gleichwertig sind. Wenngleich diese Tatsache in ihrer Wirkung nicht überschätzt zu werden braucht, so ist sie doch einer besonderen Erwähnung wert.

c) Der Fleischverbrauch.

Einer einwandfreien Berechnung des Fleischverbrauchs in München und der auf den Kopf der Bevölkerung durchschnittlich entfallenden Fleischmengen stehen Schwierigkeiten gegenüber, die nicht sämtlich zu beheben sind. Das liegt einmal in der Art der Berechnung begründet. Da das Schlachtgewicht der einzelnen geschlachteten Tiere nicht herangezogen werden kann, um die für den Konsum zur Verfügung stehenden Fleischmengen zu ermitteln, bedarf es der Festsetzung von Durchschnittsgewichten für die verschiedenen Viehgattungen. Selbst wenn diese auch alljährlich, wie es neuerdings geschieht, einer Nachprüfung bzw. Revision unterzogen werden, um der Wirklichkeit möglichst nahezukommen, ist eine absolute Anpassung an die tatsächlichen Verhältnisse nicht möglich. Ferner ist nochmals darauf hinzuweisen, daß die gesamten Mengen des nach München eingeführten Fleisches und der eingeführten Fleischwaren, insbesondere von geräucherten Wurstwaren, Schinken usw., nicht bekannt sind, ebensowenig wie die durch die Post oder in sonstiger Weise ausgeführten Mengen. Bis zu einem gewissen Grade werden sich diese Ein- und Ausfuhrquantitäten sicherlich ausgleichen; nähere Angaben lassen sich aber darüber nicht machen. In die Nachweisungen über den durchschnittlichen Fleischverbrauch sind endlich Wildpret und Geflügel nicht mit eingerechnet.

Wie bemerkt liegen den berechneten Fleischverbrauchsziffern Durchschnittsgewichte für die verschiedenen Viehgattungen zugrunde, die seit 1881 in folgender Höhe[1] bemessen wurden (in kg):

---

[1] Die Ermittlung der Durchschnittsgewichte der einzelnen Viehgattungen erfolgt neuerdings genauer als früher. Seit 1912 wird für die 12 Monate des Jahres im Marktbureau des städtischen Schlachthofs das Durchschnittsgewicht von jeweils einer Woche des betreffenden Monats festgestellt, hieraus der Jahresdurchschnitt gezogen und dieser in Schlachtgewicht umgerechnet.

Jahre	Ochsen	Bullen	Kühe	Rinder	Kälber	Schweine	Schafe, Ziegen	Spanferkel, Lämmer, Kitze	Pferde
1881/1902	300	160	200	120	40,0	45	20	4	235
1903/1907	310	160	200	120	40,0	45	20	4	235
1908	330	180	220	120	50,0	50	22	4	235
1909/1910	350	200	230	120	50,0	50	22	4	235
1911	360	230	230	120	50,0	42	24	4	240
1912	363	267	248	146	44,5	47	27	4	240
1913	369	267	247	147	45,5	48	26	4	240

Für Hunde wurde 1903 das durchschnittliche Schlachtgewicht auf 15 kg festgesetzt; diese Ziffer blieb bisher unverändert.

Bei der Berechnung des Fleischverbrauchs [1] werden zu den Schlachtungen im Schlachthofe und den im Viehhofe zu Markt gebrachten Tieren noch die Haus- und Notschlachtungen in der Stadt hinzugezählt und hiervon jene Tiere abgerechnet, deren Fleisch als gesundheitsgefährlich vernichtet wurde. Ebenso werden die eingeführten rohen Fleischwaren unberücksichtigt gelassen, weil dieser Zufuhr ein nicht unbedeutender Export von wertvollen Fleischsorten, wie Lende, Filet usw., sowie von ganzen Kälbern und Schweinen in die nähere und weitere Umgebung Münchens, insbesondere die Badeorte und Sommerfrischen des bayrischen Oberlandes, gegenübersteht. In früheren Jahren ließ sich allerdings die Gesamteinfuhr von rohen, gesalzenen, getrockneten und geräucherten Fleischwaren, soweit sie die Kontrolle des Fleischaufschlags passierten, feststellen, was seit dessen Aufhebung ab 1. April 1910 nicht mehr möglich ist. Überdies waren jene Nachweisungen infolge des Fehlers der Ausfuhrziffern nicht vollständig. In der Übersicht auf Seite 32, die den „Mitteilungen" des Statistischen Amtes der Stadt München entnommen ist und den Fleischverbrauch der Münchener Bevölkerung darstellt, sind daher Verhältniszahlen für das eingeführte Fleisch nicht enthalten.

Wenn auch diese Ziffern nach mancher Richtung hin nicht als einwandfrei anzusehen sind [2], so geben doch die größeren oder kleineren

[1] Jahresbericht des städtischen Schlacht- und Viehhofs für 1912, S. 15.

[2] Die 1911 in Wirksamkeit getretene Marktpreisnotierung nach Lebendgewicht, welche im nächsten Abschnitt behandelt ist, läßt auch die Bedeutung des der Berechnung des Fleischverbrauchs zugrunde liegenden Durchschnittsgewichts mehr als früher in den Vordergrund treten. In den letzten Jahren sind fast durchgehends Erhöhungen des durchschnittlichen Schlachtgewichts vorgenommen worden, wodurch die Ziffern über den gegenwärtigen Fleischverbrauch zwar zuverlässiger werden, in den Vergleich mit früheren Jahren sich aber ein weiteres Moment der Unsicherheit einfügt. So hat das Durchschnittsgewicht des Rindviehs im letzten Jahrhundert

Tabelle 10.

Der Fleischverbrauch in München.

Jahre	Ochsenfleisch	Rindfleisch	Kalbfleisch	Schweinefleisch	Andere Sorten	Zusammen Schlachtvieh	Einwohnerzahl in 1000	Auf den Kopf der Bevölkerung treffen: Ochsenfleisch	Rindfleisch	Kalbfleisch	Schweinefleisch	andere Sorten	zusammen
	Doppelzentner = 100 Kilogramm							Kilogramm = 2 Pfund					
Durchschnitt 1881/85	56 770	53 924	63 846	39 750	6 148	**220 438**	246	23,1	21,9	26,0	16,2	2,5	**89,7**
1886/90	65 090	58 747	72 513	55 421	8 362	**260 133**	296	22,0	19,8	24,5	18,7	2,8	**87,8**
1891/95	77 288	62 489	73 856	68 108	10 885	**292 626**	381	20,2	16,4	19,4	17,9	2,9	**76,8**
1896/1900	90 457	67 969	88 623	91 314	11 873	**350 236**	449	20,2	15,1	19,7	20,3	2,7	**78,0**
1901/1905	92 062	74 379	85 513	96 403	13 013	**361 370**	517	17,8	14,4	16,6	18,7	2,5	**70,0**
1906/1910	94 095	78 186	103 414	114 303	14 345	**404 343**	566	16,6	13,8	18,2	20,2	2,5	**71,3**
1906	87 665	71 313	82 751	82 751	13 458	**337 938**	544	16,1	13,1	15,2	15,2	2,5	**62,1**
1907	82 389	70 466	84 940	117 358	12 997	**368 150**	554	14,9	12,7	15,3	21,2	2,3	**66,4**
1908	90 288	82 405	116 311	132 141	14 622	**435 767**	565	16,0	14,6	20,6	23,4	2,5	**77,1** [1]
1909	101 906	86 194	120 736	115 839	15 773	**440 448**	577	17,7	14,9	20,9	20,1	2,7	**76,3**
1910	108 227	80 553	112 334	123 424	14 875	**439 413**	590	18,3	13,7	19,0	20,9	2,5	**74,4**
1911	104 296	88 965	110 718	148 580	15 737	**468 296**	604	17,3	14,7	18,3	24,6	2,6	**77,5**
1912	101 578	96 041	98 372	149 036	16 492	**461 519**	615	16,5	15,6	16,0	24,2	2,7	**75,0**
1913	96 907	93 168	95 488	131 264	14 861	**431 688**	636	15,3	14,7	15,0	20,6	2,3	**67,9**

[1] Die Erhöhung der Verbrauchsziffern im Jahre 1908 gegen die Vorjahre ist zum Teil auf die neueingeführte, verbesserte Berechnungsmethode zurückzuführen.

Schwankungen in der Höhe des jährlichen Fleischverbrauchs der Bevölkerung einen gewissen Maßstab ab für die aus einer Verringerung der Zufuhr bzw. aus hohen Fleischpreisen — die allerdings mit der ersteren nicht in sofort eintretender Wechselwirkung zu stehen brauchen — herrührende Beschränkung der Münchener Einwohnerschaft in ihrem Fleischgenuß. Dies ist namentlich in den letzten Jahren besonders in die Erscheinung getreten. Ferner ist die Tatsache zahlenmäßig ersichtlich, daß die Einschränkung des Genusses von teuererem Ochsenfleisch zeitweise eine Erhöhung des Rind- oder Schweinefleischkonsums nach sich zieht. Besser geht das aus einer Gegenüberstellung des prozentualen Anteils hervor, den die einzelnen Fleischsorten am Gesamtgewicht des verbrauchten Fleisches haben:

Jahre	Ochsenfleisch	Rindfleisch	Kalbfleisch	Schweinefleisch	Andere Fleischsorten	Gesamtverbrauch
Durchschnitt	%	%	%	%	%	%
1881/85	25,8	24,5	28,9	18,0	2,8	100
1886/90	25,0	22,6	27,9	21,3	3,2	100
1891/95	26,4	21,4	25,2	23,3	3,7	100
1896/1900	25,8	19,4	25,3	26,1	3,4	100
1901/1905	25,5	20,6	23,6	26,7	3,6	100
1906/1910	23,3	19,3	25,6	28,3	3,5	100
1911	22,3	19,0	23,6	31,7	3,4	100
1912	22,0	20,8	21,3	32,3	3,6	100
1913	22,4	21,6	22,1	30,4	3,5	100

Während sich der Anteil des verzehrten Schweinefleisches bis 1912 ständig erhöht hat, ist 1913 ein geringer Rückgang zu verzeichnen, der dem Konsum von Ochsen-, Rind- und Kalbfleisch verhältnismäßig zugute gekommen ist. Besondere Schlüsse lassen sich daraus wegen der Geringfügigkeit der Minderung nicht ziehen; letztere dürfte auf den ein wenig verringerten Zutrieb norddeutscher Schweine zurückzuführen sein, während andererseits infolge einer „Notstandsaktion" der Stadtgemeinde Ochsen- und Rindfleisch in etwas größeren Mengen nach München gelangte.

Obschon der Fleischverbrauch in München pro Kopf der

im allgemeinen stark zugenommen, welchem Umstande in den Durchschnittsgewichtsangaben nicht ausreichend oder doch nur allmählich begegnet werden konnte. Vergleiche hierüber die Untersuchungen von Eßlen „Die Fleischversorgung des Deutschen Reiches" und von Attinger: „Zur Frage der Fleischversorgung in Bayern". Landwirtschaftliches Jahrbuch für Bayern 1912, S. 728.

Bevölkerung seit den 80er Jahren dauernd zurückgegangen ist[1], so ist er doch noch wesentlich höher als in der Mehrzahl der übrigen deutschen Groß- und Mittelstädte. Nach Silbergleit[2] belief sich der durchschnittliche Fleischverbrauch in 33 deutschen Großstädten zusammen im

---

[1] Creuzbauer führt dazu a. a. O. Seite 19 ff. aus: Für den Rückgang des Fleischverbrauchs „gibt es eine ganze Reihe von Erklärungen. Als erste mag erwähnt werden, daß ein nicht unbeträchtlicher Teil der Bevölkerungszunahme auf die bereits erwähnten Eingemeindungen zurückzuführen ist. Die Bevölkerung der angegliederten Orte ist aber zum überwiegenden Teile landwirtschaftliche und demgemäß an den Fleischkonsum durchaus nicht in demselben Maße gewöhnt wie die städtische." Diese letztere Behauptung dürfte in der Verallgemeinerung nicht ganz zutreffend sein, da die landwirtschaftliche Bevölkerung, zumal in der Nähe der Großstadt, seit längerem bereits mehr zum Fleischgenuß übergeht. Abgesehen davon waren in der Bevölkerung der nach München eingemeindeten Vorstädte auch verschiedene, zahlenmäßig stark ins Gewicht fallende Arbeiterviertel enthalten, in denen von jeher viel Fleisch genossen wird. Es ist auch darauf hinzuweisen, daß die Einwohnerschaft der Vorstadtgemeinden bereits vor der Einverleibung schon viel Fleisch aus München bezog, was natürlich für die Fleischverbrauchsangaben zahlenmäßig ins Gewicht fällt. Richtig sind dagegen die Darlegungen von Creuzbauer bezüglich der zuwandernden, vielfach aus den landwirtschaftlichen Teilen Südbayerns stammenden Arbeiter und ihrer Familien, die ein wirtschaftlich schwaches Element in der Bevölkerung darstellen. „Und wenn schon diese Leute an und für sich nur verhältnismäßig wenig Fleisch verzehren, so zwingen sie die mit dem Umzug verbundenen außergewöhnlichen Unkosten, die höheren Wohnungspreise der Großstadt, sowie die mit dem Leben in der Stadt unvermeidlich verknüpften höheren Aufwendungen für alle Lebensbedürfnisse — es muß z. B. für Kleider, Schuhe usw. der Erwachsenen, wie namentlich der schulpflichtigen Kinder in der Stadt mehr ausgegeben werden wie auf dem Lande — in der ersten Zeit in bezug auf die Lebenshaltung sehr große Beschränkungen sich aufzuerlegen und zu diesem Zweck wird naturgemäß am teuersten Lebensmittel, dem Fleisch, zumeist gespart. Eine weitere Erklärung für die Abnahme des kopfweise berechneten Fleischverbrauchs ist zu erblicken in dem zunehmenden Verbrauch an eingeführten Wurst- und Fleischwaren" — daß der Wurstverbrauch, auch abgesehen von den Einfuhren in München, zunimmt, ergibt sich mittelbar aus der erhöhten Zahl von Stierschlachtungen —, „nicht minder aber darin, daß sämtliche Lebensmittel sowie auch alle sonstigen Bedürfnisse (z. B. die Wohnungsmiete) innerhalb der letzten 20 Jahre bedeutend im Preise gestiegen sind, außerdem aber auch darin, daß unverkennbar für Vergnügen und Luxusausgaben, für Vereine usw. mehr Geld aufgewendet wird, und daß alle diese Mehrausgaben zum Teil dadurch gedeckt werden müssen, daß im Fleischkonsum um so mehr größere Sparsamkeit obwaltet, als auch die Fleischpreise eine bedeutende Preissteigerung erfahren haben." In diesem Zusammenhange hätte Creuzbauer allerdings auf die Steigerung der Löhne hinweisen müssen, wodurch die genannten Momente zum Teil ausgeglichen werden. Vgl. auch Morgenroth, „Löhne und Preise" im „Einigungsamt" 1914, Heft 1 und 2.

[2] Statistische Beiträge zur Frage der Lebensmittelversorgung in deutschen Großstädten, Berlin 1912, Verlag des deutschen Städtetags, S. 9.

Jahre 1908 auf 57,5 kg, um bis 1910 auf 55,4 kg zu sinken. Im gleichen Zeitraum ging der Münchener Fleischverbrauch von 77,1 auf 74,4 kg zurück. Die Tendenz zur Abminderung teilt er also mit den übrigen Stadtgemeinden. Daß er an sich recht hoch ist, beruht neben der Vorliebe der Bevölkerung für den Genuß von Fleisch auf dem sehr gestiegenen Fremdenverkehr[1].

Es ist in der vorliegenden Darstellung davon abzusehen, den Rückgang des Münchener Fleischverbrauchs allein mit der durch die Minderung der Zufuhren zum großen Teile hervorgerufenen Steigerung der Fleischpreise, die dann zur weiteren Einschränkung des Fleischgenusses zwingt, in Zusammenhang zu bringen. Für die Einschränkung kommen auch gewisse „freiwillige" Momente in Betracht, die zwar einzeln wenig noch bedeuten, gemeinsam aber immerhin etwas ins Gewicht fallen. Daß die Propaganda für eine fleischlose bzw. fleischarme Kost und die damit vielfach Hand in Hand gehende Abstinenzbewegung zu einer vermehrten Begründung von vegetarischen Gasthäusern und Speisehallen geführt haben, bedarf ebenso der Erwähnung wie der neuerdings nicht ohne Erfolg unternommene Versuch, den Konsum von Fluß- und Seefischen mehr in der Münchener Bevölkerung einzubürgern[2]. Die Menge der nach München eingeführten Fische läßt sich leider nicht ermitteln, was ebenso für das auf den Markt kommende Wildpret und Geflügel gilt[3]. Letztere dienen in ihren minder wertvollen Teilen (Ragout, „Jung" usw.), übrigens vielfach dem Ersatz von Fleisch.

Wünschenswert wäre es, den Rückgang des Fleischverbrauchs in der

---

[1] Im Jahre 1913 wurden in Hotels, Gasthöfen und Pensionen nach den Ermittlungen des Statistischen Amts der Stadt München 554 737 vorübergehend und 50466 für längere Zeit anwesende Fremde gezählt, so daß der zahlenmäßig erfaßte Fremdenverkehr etwa die Höhe der gesamten Münchener Einwohnerschaft erreicht. In Wirklichkeit ist die Fremdenfrequenz noch wesentlich höher, weil alle in München nicht übernachtenden Fremden, deren Zahl keineswegs unbedeutend ist und worunter sich die zahlreichen Sonn- und Feiertags in die Stadt strömenden Landbewohner befinden, der Registrierung entgehen, was für die bei Verwandten usw. Unterkunft findenden Personen ebenfalls zutrifft.

[2] Es sei in dieser Hinsicht u. a. auf den Engrosbezug von Seefischen und deren regelmäßigen Verkauf in einer größeren Anzahl über die Stadt verteilter Ladengeschäfte, sowie auf die systematische Abhaltung von Fischkochkursen hingewiesen.

[3] Die Schätzungen der auf dem Münchener Viktualienmarkt zum Verkauf gelangenden Fisch-, Geflügel- und Wildpretmengen, die durch die städtische Marktinspektion erfolgen, betreffen nur einen kleinen Teil des Gesamtbedarfs der Stadt und sind an sich schon unvollständig. Vgl. dazu Creuzbauer a. a. O., S. 39 und Münchener „Jahresübersichten" 1906 und früher.

Münchener Arbeiterschaft zahlenmäßig für einen längeren Zeitraum zurückzuverfolgen, was jedoch nicht möglich ist, da entsprechende Nachweisungen fehlen. Die Verwertung von individuellen Aufzeichnungen (Haushaltungsrechnungen) ist noch nicht sehr alten Datums; für München liegen derartige Untersuchungen erst seit 1907 [1] vor.

2. Die Groß- und Kleinhandelspreise für Fleisch.

a) Methodisches zur Feststellung der Münchener Groß- und Kleinhandelspreise für Fleisch.

Die Statistik der Großhandelspreise für Fleisch befaßt sich mit den beim Handel mit Schlachtvieh erzielten Verkaufspreisen. Es kann der Verkauf von Vieh auf dreierlei Weise: nach „Stück", nach Lebendgewicht oder nach Schlachtgewicht geschehen. Ein Verkauf nach Stück findet in München für größere Viehgattungen nicht mehr statt, so daß gegenwärtig die Marktpreise ausschließlich nach Lebend- bzw. Schlachtgewicht festgesetzt werden.

Die Preisnotierung nach Stück war für Rindvieh im Münchener Viehhof bis zum Jahre 1901 in Geltung. Dabei wurden von 1878 bis zum Juni 1887 Ochsen I., II. und III. Güte sowie magere Ochsen unterschieden, während für Kühe ein Einheitsgewicht bestand. In letzterem Jahre kamen andere Gewichtsgattungen für Ochsen zur Einführung, und für Kühe wurde ein weiteres Normalgewicht gebildet. Die in den beiden Zeiträumen in Geltung befindlichen Hauptgewichtsgattungen, bei denen für Unschlitt und Haut besondere Festsetzungen vorhanden waren, sind in der folgenden Zusammenstellung veranschaulicht.

Viehgattungen	Fleisch in Kilogramm 1878—1887	Fleisch in Kilogramm 1887—1901	Unschlitt in Kilogramm 1878—1887	Unschlitt in Kilogramm 1887—1901	Haut in Kilogramm 1878—1887	Haut in Kilogramm 1887—1901
Ochsen I. Güte . .	350	375	55—65	60—75	50—55	55 —60
„ II. „ . .	275	325	40—45	45—55	35—40	45 —55
„ III. „ . .	250	275	30—33	35—40	33—35	37½—45
Magere Ochsen . . .	200	—	18	—	28—30	—
Kühe I. Güte . . .	200	250	23—25	40—50	28—30	35 —40
„ II. „ . . .	—	200	—	30—35	—	30 —35

[1] E. Conrad, „Lebensführung von 22 Arbeiterfamilien Münchens". München 1909 (Einzelschrift Nr. 8 des Statistischen Amts der Stadt München). Vgl. auch W. Morgenroth, „Die Kosten des Münchener Arbeiterhaushalts in ihrer neueren Entwicklung". Schriften des Vereins für Sozialpolitik, Bd. 145.

Während somit in dem Zeitraum von 1878—1901 die Preise von Ochsen und Kühen wöchentlich nach Stück auf Grund der durchgeführten Wägungen ermittelt wurden, erfolgte die Preisbestimmung von lebenden sowie geschlachteten Kälbern und Schweinen jeweils für ein Gewicht von 50 kg, von Schafen je für ein Paar. Diese Regelung konnte auf die Dauer nicht befriedigen, zumal bei den überall anders gearteten Bestimmungen für die Preisfestsetzung eine interlokale Vergleichung erschwert war. Mehrere Versuche, zu einer Reform der bestehenden Verhältnisse zu gelangen, scheiterten. Nach langen Verhandlungen einigten sich endlich die Vertreter der städtischen Schlacht- und Viehhöfe, der Landwirtschaft, des Viehhandels, des Metzgergewerbes usw. darauf, die Preisnotierung nach Stück zu verlassen, eine solche nach Lebend- und Schlachtgewicht anzustreben und außerdem für eine möglichst zuverlässige Festsetzung der Viehpreise Sorge zu tragen. Dies geschah in Berlin im Jahre 1896; den dort festgelegten Grundsätzen paßte sich die Münchener Praxis im Jahre 1901 an, wobei sie einer größeren Zuverlässigkeit der Marktpreisnotierungen durch Bildung einer unparteiischen Marktkommission Rechnung trug[1], die zwar aus Vertretern der verschiedenen Interessenten besteht, aber unter amtlichem Vorsitz tagt, um allwöchentlich die Marktpreise zu bestimmen. Der Preisnotierung wurde offiziell das Schlachtgewicht zugrunde gelegt und eine eingehende Klassifizierung des Schlachtviehs unter Nachweis von Geschlecht, Alter, Mastzustand usw. nach Maßgabe der Berliner Beschlüsse angenommen. Da diese auch ein festes Verhältnis des Lebendgewichts zum Schlachtgewicht normiert hatten[2], ergaben sich neuerdings die Unterlagen für eine einheitlichere interlokale Berechnung des Fleischverbrauchs.

Zunächst erfolgte in München bei Großvieh die Preisermittlung für je 50 kg Schlachtgewicht ohne Nierenfett, während anderorts eine solche mit Nierenfett die Regel war. Das erschwerte naturgemäß einmal die interlokale Vergleichbarkeit und brachte ferner München in den Geruch, wesentlich höhere Schlachtviehpreise als andere Städte zu haben. Aus diesem Grunde wurde durch Magistratsbeschluß vom 10. Oktober 1902 entschieden, die Preise jeweils für 50 kg mit und ohne Nierenfett zu notieren. Bei Kälbern und Schweinen bezogen sich die Notierungen auf 50 kg Lebend- sowie Schlachtgewicht, bei Schafen nur auf Schlachtgewicht.

---

[1] Vgl. auch die bezügliche Entschließung der Königlichen Regierung von Oberbayern vom 23. Oktober 1900.

[2] Creuzbauer a. a. O., S. 72.

Damit war jedoch ein Abschluß in der Festlegung der Notierungsform der Großhandelspreise für Fleisch noch nicht erreicht, und zwar wurde namentlich von seiten der Landwirtschaft darauf hingearbeitet (Antrag des deutschen Landwirtschaftsrats vom Jahre 1905), die Notierung nach Lebendgewicht für die maßgebende zu erklären. Von Reichs wegen ist dem nach Maßgabe des Reichsgesetzes vom 8. Februar 1909, betr. die Preisfeststellung beim Markthandel mit Schlachtvieh (Reichsgesetzblatt 1909 Seite 269) Rechnung getragen worden, dessen grundlegender § 1 bestimmt, daß „die Landeszentralbehörden befugt sind, für Schlachtviehmärkte zum Zwecke der Feststellung von Preis und Gewicht der Tiere Vorschriften zu erlassen und Einrichtungen anzuordnen". Sodann heißt es einschränkend weiter, um die gleichzeitige Preisnotierung nach Schlachtgewicht nicht unmöglich zu machen, daß „Vorschriften, durch welche die Feststellung von Preisen nach Schlachtgewicht verboten wird, sofern diese Feststellungen auf tatsächlichen Unterlagen und nicht lediglich auf Schätzungen beruhen, auf Grund dieses Gesetzes nicht erlassen werden dürfen". Bayern machte von der den Landesstaaten erteilten Befugnis im Jahre 1910 Gebrauch, indem auf Grund der am 14. August 1910 erlassenen oberpolizeilichen Vorschriften das Reichsgesetz mit Wirkung vom 1. Januar 1911 für die Schlacht- und Viehhöfe zu München, Nürnberg, Augsburg, Fürth und Ludwigshafen in Kraft trat. Seinen Vollzug für München regelte die ortspolizeiliche Vorschrift vom 22. Dezember 1910.

In Verfolg dieser Bestimmungen sind die Marktpreise aller im Münchener Schlacht- und Viehhof zum Verkauf gelangenden Tiere für bestimmte Schlachtwertklassen nach Lebendgewicht zu notieren, zu welchem Zwecke sämtliche, während der Marktstunden verkauften Tiere, bevor sie vom Markte entfernt werden, lebend zur Verwiegung zu bringen sind. Bei Tieren, die im geschlachteten Zustande zum Markt gebracht werden, wird das Schlachtgewicht und der Schlachtgewichtspreis festgestellt. Über jeden abgeschlossenen Verkauf eines Tieres ist von dem Verkäufer ein Verkaufsschein (Schlußschein), auf dem Preis und Gewicht vermerkt sind, auszufertigen[1]. Durch die Notierung nach Lebendgewicht entfiel

[1] Verwaltungsbericht für den städtischen Schlacht- und Viehhof 1911, S. 4. Zur Durchführung des Gesetzes wurde die Errichtung eines Marktbureaus im Viehhof notwendig. An Hand der vom Marktamte auf Grund der Verkaufsscheine ermittelten Ergebnisse wird der offizielle Marktbericht durch die Preisnotierungskommission, der Vertreter von Interessenten aller Schlachtviehgattungen, sowie des Metzgergewerbes, der Landwirtschaft und der Stadtgemeinde angehören, festgesetz. Über die Einbürgerung des Gesetzes heißt es in dem genannten Bericht: „Die Durchführung des Gesetzes begegnete anfänglich erheblichen Schwierigkeiten, die

bei dem Großvieh natürlich eine Preisermittlung mit oder ohne Nierenfett.

Nicht geringere Schwierigkeiten ergeben sich für eine einwandfreie Feststellung der Kleinhandelspreise für Fleisch. Wenn diese jeweils nur in einer oder mehreren allgemeinen Ziffern zum Ausdruck gelangen, finden in der Preisfixierung verschiedene bedeutungsvolle Momente nicht die erforderliche Würdigung und zwar bezieht sich das[1]:

1. Auf die Verschiedenheit der Preise nach den Tierstücken, von denen das Fleisch stammt, z. B. ob es sich bei Ochsenfleisch um Stücke von der Lende, vom Filet, vom Rosenspitz, von der Schorrippe, vom Bauch, Stich, Hals, Brust usw. handelt;
2. Auf die Abhängigkeit der Preise von der Qualität der geschlachteten Tiere, ob das Fleisch vom Mastvieh stammt oder von gewöhnlichem Vieh, ob von jungen oder alten Tieren, gut- oder schlechtgenährten Tieren usw.;
3. Auf die Preisunterschiede in verschiedenen Teilen der Stadt, je nachdem es sich um wohlhabendere Viertel oder um ärmere Viertel handelt. In den Metzgerläden der ärmeren Viertel wird beim Verkauf und bei der Preisbemessung meist eine andere Behandlung der einzelnen Viehstücke (besonders eine weniger weitgehende Unterscheidung zwischen den besseren und schlechteren Teilen) beobachtet als in den besseren Vierteln;
4. Auf die Beeinflussung der Preise durch die „Zuwage“ oder Beilage, die in München beim Fleischverkauf üblich ist. Die aus Knochen, Sehnen, Talg usw. bestehende Zuwage soll nach den ortspolizeilichen Vorschriften höchstens ein Fünftel des gesamten Stücks betragen. Neben dieser besonderen „Zuwage“ können auch im Fleisch noch Knochen, Sehnen, Talg usw. enthalten sein, die nicht als Zuwage gerechnet werden.

Bis zum Jahre 1904 erfolgte die Feststellung der Fleischpreise durch die städtische Marktinspektion, die in den Fleischbanken, namentlich in

---

noch dadurch vermehrt wurden, daß die Verkäufer von Schlachtvieh, unterstützt von der dem Wiegezwang an sich wenig günstig gestimmten Metzgerschaft, lebhaft opponierten und die Ausstellung der Verkaufsscheine verweigerten in der Befürchtung, die Verkaufsscheine bedeuteten eine unbefugte Kontrolle und Preisgabe ihres Geschäftsverkehrs. Erst die Übernahme der Gewichtseintragungen durch das stark vermehrte Hilfspersonal an den Wagen und Androhung von Strafen konnte allmählich den Vollzug des Gesetzes sichern.“

[1] Vgl. hierzu W. Morgenroth, Die amtliche Notierung der Fleischpreise in München (Bericht an den Stadtmagistrat von Anfang 1914).

der „Großen Bank“ und in einigen Stadtbezirken die Preise der Metzger ermittelte; auf Grund ihrer Anschreibungen wurden sodann die Durchschnittspreise für mittlere und beste Qualität berechnet. Dabei blieben getrennte Notierungen [1] für die Preise in den Fleischbanken und in den Stadtbezirken bestehen. In den Nachweisungen über die Fleischbanken wurden die Preise für folgende Tierstücke notiert: Mastochsenfleisch mit sowie ohne Zuwage; Lende; Filet; Stich, Hals, Bug und Nabel; bei Kalbfleisch: Schlegel- und Nierenstücke; Brust und Grat; Bug und Hals; bei Hammelfleisch: Schlegel und Karree; Bug und Hals; bei Schweinefleisch: Schlegel und Grat, Brust und Wammerl. Andererseits kamen aus den Stadtbezirken zur Ermittlung: Mastochsenfleisch, sowie Ochsenfleisch, Rindfleisch (Kuhfleisch) und zwar Keule bzw. Bauch. Die Preise für Kalb- und Schweinefleisch wurden in gleicher Weise wie bei den Fleischbanken notiert.

Auf die Dauer konnte die vorstehende Feststellung der Kleinhandelspreise für Fleisch den an eine zuverlässige Preisstatistik zu stellenden Anforderungen nicht genügen. Ihr gegenüber bedeutete die Aufstellung neuer Grundsätze für die Notierung der Fleischpreise (Magistratsbeschlüsse vom 11. März 1904 und 17. November 1905) einen erheblichen Fortschritt, da München dadurch „eine bessere, genauere und gleichmäßiger geführte Notierung der Fleischpreise als die meisten anderen deutschen Großstädte“ [2] erhielt.

Zunächst wurde die Beobachtungsbasis der Fleischpreise dadurch erweitert, daß eine wöchentliche Ermittlung der Preise bei 12 Metzgern der „Großen Bank“, 12 Metzgern am Viktualienmarkt (Läden am Petersbergl und „Marktmetzger“ an der Außenseite der „Großen Bank“) sowie bei je 10—12 Metzgern in 9 Stadtbezirken (V., VI., VIII., X., XV., XVIII., XX., XXI. und XXII. Stadtbezirk) zur Einführung gelangte, die den städtischen Bezirksinspektoren und der Marktinspektion übertragen war. Zwecks Berechnung des Durchschnittspreises aus den Angaben aller beteiligten Verkaufsstellen in der Stadt wurde der „Großen Bank“ beim Mastochsenfleisch das gleiche Gewicht beigemessen wie der ganzen übrigen Stadt, bei Kalbfleisch, Hammelfleisch, Schaffleisch und Schweinefleisch das dreifache Gewicht (d. h. das Gewicht von drei der berücksichtigten 9 Stadtbezirke). Zur Notierung kam neben dem mittleren und höchsten auch der niedrigste Durchschnittspreis für $1/2$ kg; er bezog

---

[1] Monatsberichte des Statistischen Amts der Stadt München 1904 und früher.

[2] Morgenroth a. a. O.

sich auf Mastochsenfleisch und Ochsenfleisch (allgemein, d. h. ohne Lende, Filet usw. bzw. Stich, Hals, Brust usw.) Mastkuhfleisch (ohne Lende, Filet usw.) und Kuhfleisch, Kalbfleisch (ohne Koteletts), Hammelfleisch (Schlegel sowie sonstiges), Schaffleisch (Schlegel sowie sonstiges) und auf Schweinefleisch.

Der Gedanke einer Dezentralisierung der Beobachtungsstellen, wie er seit zehn Jahren in München verwirklicht ist, hat sich als grundsätzlich richtig erwiesen. Eine im Frühjahr d. J. durchgeführte Reform der Fleischpreisaufzeichnungen brauchte daher an der bestehenden Praxis an sich nichts zu ändern. Trotzdem sind noch wesentliche Verbesserungen durchgeführt worden, so daß die Münchener Fleischpreisstatistik gegenwärtig in hohem Maße vervollkommt ist. Die Verbesserungen erfolgten nach vier Richtungen; sie betrafen einmal eine weitergehende Scheidung der Notierung nach Tierstücken, eine neuerliche Erweiterung der Beobachtungsbasis, eine Berichtigung des der „Großen Bank" in der bisherigen Berechnung der Durchschnittspreise für die ganze Stadt beigemessenen besonderen Gewichts und eine künftige Notierung der wirklich ermittelten Höchst- und Niedrigstpreise neben den bisher festgestellten „höchsten, mittleren und niedrigsten Durchschnittspreisen".

Eine stärkere Differenzierung der Notierung nach Tierstücken erschien deshalb geboten, weil die Münchener Metzger neuerdings immer mehr bei den besseren und den weniger guten Fleischstücken einen wesentlichen Unterschied im Preise eintreten lassen [1]. Weiterhin sprach der Umstand dafür, daß die bestehenden Verbote der Anschreibung von Doppelpreisen nnd der Führung doppelter Preistafeln [2] nur auf diese Weise zu lückenloser Geltung zu bringen sind. Demgemäß werden jetzt bei der Notierung der Fleischpreise folgende Fleischsorten unterschieden:

---

[1] Morgenroth a. a. O. gibt dafür folgendes Beispiel an: „In der am 17. Januar 1914 endenden Woche wurden in der ‚Großen Bank' bei ‚Mastochsenfleisch allgemein' 1,20 Mk. für bessere Fleischstücke (Rosenspitz, Gratstücke, linde Weiche, Deckel usw.) notiert, für die anderen Stücke 1,00 Mk. oder 1,10 Mk.; bei Kalbfleisch für Schlegel und Bug 90—96 Pf., für andere Stücke 80—90 Pf.; bei Hammelfleisch für Schlegel und Karree 90 Pf. bis 1,10 Mk., für sonstige bessere Stücke 80—90 Pf., für weniger gute Stücke 60—70 Pf. Ähnlich ist es beim Ochsenfleisch, beim Schweinefleisch usw."

[2] Nach ortspolizeilicher Vorschrift müssen in München außen vor den Metzgerläden Preistafeln angebracht sein; die etwa im Laden außerdem noch vorhandenen Preistafeln dürfen keine anderen — höheren — Preise aufweisen.

1. Mastochsenfleisch . .	a) Stich, Hals, Brust, fette Weiche. b) Nabel, Bug. c) Schorrippe, Grat, Zwerchrippe, linde Weiche. d) Rosenspitz, ausgelöste Zwerchrippe, Zungengrat.
2. Ochsenfleisch	a) bis d) wie bei Mastochsenfleisch.
3. Mastkuhfleisch . . .	a) bis d) wie bei Mastochsenfleisch.
4. Kuhfleisch:	
5. Kalbfleisch	a) Halsgrat. b) Brust, Bug. c) Schlegel, Nierenbraten.
6. Hammelfleisch . . .	a) Brust, Halsgrat. b) Bug, Schultergrat. c) Schlegel, Karree.
7. Schaffleisch	a) Brust, Halsgrat. b) Bug, Schultergrat. c) Schlegel, Karree.
8. Schweinefleisch . . .	a) Brust, Hals. b) Schlegel, Bug, Grat.

Die angeführten ortsstatutarischen Festsetzungen wurden ferner durch die folgenden Bestimmungen ergänzt:

„Jeder Metzger ist verpflichtet, das vorstehend für die Preisnotierung festgesetzte Schema der Fleischsorten auf seiner Preistafel einzuhalten. Wenn er außerdem noch weitere Fleischsorten zu anderen Preisen führt, wie z. B. Lende, Filet, Schnitzel und Kotelett nach Pfund oder Stück, so ist dies gleichfalls auf derselben Tafel noch anzuschreiben. Wenn Fleisch auf Wunsch des Käufers ohne Zuwage abgegeben wird, so ist der dann eintretende Preiszuschlag pro Pfund auf dieser Tafel zu vermerken.

Diese Preistafel muß gemäß § 29, Abs. II der ortspolizeilichen Vorschriften vom 5. Oktober 1906 an der Außenseite des Ladens angebracht sein.

Es ist jedoch nicht verboten, außerdem auch innerhalb des Ladens die Preise für einzelne oder mehrere Fleischsorten anzuschreiben; derartige Preisnotierungen dürfen aber mit den Aufzeichnungen an der Außenseite des Ladens nicht im Widerspruche stehen.

Das Anschreiben von verschiedenen Preisen für die gleiche Fleischgattung bzw. -sorte ist verboten."

Eine Erweiterung der Beobachtungsbasis ergab sich aus der Erwägung, daß die Bevölkerung Münchens seit 1904/05, d. h. seit der vorhergehenden Umgestaltung der Fleischpreisstatistik, um rund 20 Prozent zugenommen hat, während aus den damaligen 24 Stadtbezirken infolge Teilung derselben und verschiedener Eingemeindungen 29 geworden sind. Nun wuchsen die Metzgerläden noch rascher als die Bevölkerungsziffer. Zu Beginn des laufenden Jahres gab es in München 793 Fleischverkaufsstellen (ohne Schweinemetzger, Charkutiers usw.), so daß die im Höchstfalle von der Münchener Fleischpreisstatistik auf der Grundlage von 1904/05 erfaßten 132 Metzgerläden nur 16,6 % aller vorhandenen Geschäfte ausmachten. Bei einzelnen Fleischsorten war aber der Prozentsatz der Geschäfte, auf welche sich die Statistik bezog, erheblich geringer [1]. Grundsätzlich stellte sich daher die Münchener Stadtverwaltung gelegentlich der Neuregelung der Fleischpreisstatistik auf den auch von der preußischen Statistik eingenommenen Standpunkt, daß mindestens 20 % der einzelnen Fleischverkaufsgelegenheiten in die Ermittlung einzubeziehen seien. Somit wurden neuerdings je 12 Metzgerläden in den Stadtbezirken XIII, XVI, XIX, XXV und XXVI in die Statistik einbezogen, worauf sich eine Gesamtbeteiligung von 192 Metzgereien, das sind fast 20 % aller vorhandenen Metzgereien, ergab.

Drittens erfuhr die oben erwähnte Vorzugsstellung der „Großen Bank" eine berechtigte Einschränkung. Wenn auch das von ihr feilgehaltene Fleisch von erstklassiger Qualität ist, so hat sie doch für die ganze Stadt keine so überragende Bedeutung, daß dies in solch exzeptioneller Weise statistisch zum Ausdruck gelangen muß. Nach Ermittlungen des städtischen Schlacht- und Viehhofs wurden in den Monaten Oktober bis Dezember 1913 insgesamt 4051 Mastochsen geschlachtet, die zu 611=15 % in die „Große Bank" gelangten. Im gleichen Vierteljahr wurden im Stadtgebiet 46 576 Kälber und 48 597 Schweine (ausschließlich der Schweinemetzger-Schweine) geschlachtet. Diese verteilten sich wie folgt:

Auf die	Kälber		Schweine	
	Stück	Prozent	Stück	Prozent
„Große Bank"	3 542	8	1 921	4
Metzger am Petersbergl	2 335	5	1 469	3
„Marktmetzger" an der Außenseite der „Großen Bank"	561	1	507	1
Übrige Stadt	40 138	86	44 700	92
Zusammen:	46 576	100	48 597	100

Noch genauere Feststellungen lieferte die Direktion des städtischen Schlacht- und Viehhofs für den Monat Oktober 1913 allein, die einen

[1] So fußte die amtliche Notierung von Schaffleisch in der am 17. Januar 1914 endenden Woche nur auf einem Geschäfte (= 1% aller Geschäfte, die Schaffleisch führten), was allerdings wohl darauf beruhen dürfte, daß Schaffleisch in manchen Fällen als Hammelfleisch notiert wird. In derselben Woche bezogen sich die Preisnotierungen für Mastochsenfleisch auf die Angaben von 14% aller Geschäfte, für Ochsenfleisch auf 22%, für Mastkuhfleisch auf 12%, für Kuhfleisch auf 16%, für Kalbfleisch auf 17%, für Hammelfleisch auf 27% und für Schweinefleisch auf 17% aller vorhandenen Verkaufsgelegenheiten.

Vergleich mit dem von der Münchener Preisstatistik erfaßten Umsatz an Mastochsen ermöglichten. Hiernach bezog sich die Münchener Preisstatistik in dem genannten Monat auf 63 Mastochsen-Metzger oder rund 20 % aller Mastochsen-Metzger der Stadt; von allen in München geschlachteten Mastochsen entfiel rund 1/4 auf diese 63 Geschäfte. Andererseits gehörten von jenen 63 Mastochsen-Metzgern wiederum 12=19 % zur „Großen Bank" und 51=81 % zur übrigen Stadt. Die von beiden umgesetzten Mastochsen entfielen zu rund 1/3 auf die 12 Mastochsen-Metzger der „Großen Bank", zu rund 2/3 auf die übrigen Mastochsen-Metzger. In der Münchener Preisstatistik hätte man also der „Großen Bank" auch dann schon ein zu hohes Gewicht bei der Durchschnittsberechnung beigemessen, wenn man ihr dabei keine Vorzugsstellung durch drei- oder zehnfaches Gewicht gegeben, sondern wenn man sie nur wie einen Stadtbezirk behandelt, d. h. aus allen beobachteten Geschäften einen rein arithmetischen Durchschnitt gezogen hätte. Denn es wanderten vom Gesamtverbrauch der Stadt an Mastochsen nur 15 % in die „Große Bank"; an der Zahl der in der Preisstatistik beobachteten Mastochsen-Metzger war aber die „Große Bank" mit rund 1/5, am preisstatistisch beobachteten Verbrauch mit rund 1/3 beteiligt. Ähnlich verhielt es sich bei dem Verbrauch an Kälbern und Schweinen.

Die Beseitigung der Überschätzung der „Großen Bank" erfolgte somit einmal durch rechnerische Gleichstellung mit den Stadtbezirken, andererseits durch die Erweiterung der Beobachtungsstellen in neu hinzugekommenen Stadtbezirken. Durch letzteren Umstand wurde ferner der Einfluß der Läden am Petersbergl und am Markt auf die Berechnung der Durchschnittspreise in entsprechender Weise modifiziert.

In erster Reihe war die Reform der Fleischpreisstatistik für die Preisnotierung von Mastochsenfleisch von Bedeutung, da durch die Preise der „Großen Bank" der allgemeine Durchschnittspreis desselben um fünf bis sieben Pfennige zu hoch bemessen war. Bei den übrigen Fleischsorten handelte es sich nur um ganz geringe Abweichungen. Natürlich ist hervorzuheben, daß für die Beobachtung der Fleischpreisentwicklung in München derartige kleine Differenzen keine besondere Bedeutung haben, weil die Beobachtung seit 1904 völlig gleichmäßig erfolgte, der Fehler der Überschätzung der „Großen Bank" also auch in den Ziffern der letzten zehn Jahre enthalten war.

Endlich handelte es sich bei der Reform der Fleischpreisstatistik um die neuerliche Notierung von wirklich ermittelten Höchst- und Niedrigstpreisen, um namentlich jederzeit ersehen zu können, zu welchen niedrigsten Preisen die minderbemittelte Bevölkerung in einzelnen Läden der Stadt (wenn auch weniger gutes Fleisch als anderwärts) Fleisch kauft. Außerdem tritt so der Umfang der Schwankungen der Fleischpreise in den verschiedenen Geschäften der Stadt besser als vorher in die Erscheinung [1]. Trotzdem war der Gedanke an eine Beseitigung des „mittleren Durchschnittspreises" aus der Preisnotierung in keiner Weise diskutierbar, weil eine ausschließliche Notierung von Spannungspreisen bei der Größe der Spannungen eine Verschleierung der Preisverhältnisse bedeuten würde. Es kämen dann nur die Grenzpreise einer kleineren Zahl von Geschäften zur Notierung, nicht aber die Preise in der Mehrzahl derselben. Übrigens wies der vom Münchener Städtischen Statistischen Amt berechnete „mittlere Durchschnittspreis" niemals die den Durchschnittspreisen häufig anhaftenden Mängel auf, nachdem er nur die Durchschnitte aus den verschiedenen Läden der Stadt, jedoch nicht Durchschnitte von Qualitäten darstellt. Überdies würde durch die Beseitigung der „mittleren, höchsten und niedrigsten Durchschnittspreise" ein Vergleich mit den Vorjahrsziffern fast undurchführbar werden, ganz abgesehen davon, daß der notierte „höchste Durchschnittspreis" für die Fleischlieferungsverträge einer Anzahl öffentlicher Anstalten die Grundlage abgibt.

In Zukunft soll in München eine Nachprüfung der Fleischpreisnotierung alle fünf Jahre stattfinden, ebenso darüber, ob die Auswahl der Geschäfte in den einzelnen Stadtbezirken den an die Fleischpreisstatistik zu stellenden Anforderungen (angemessene Auswahl der Geschäfte mit wohlhabenderer und ärmerer Kundschaft) noch entspricht.

b) Die Entwicklung der Münchener Großhandelspreise für Fleisch.

In der Darstellung der Münchener Viehpreise sind die bis 1901 nach Stück ermittelten Großviehpreise in Schlachtgewichtspreise pro 50 kg Schlachtgewicht umgerechnet, um einen Vergleich bis 1910 durchführen zu können; die Preisnotierung für Großvieh nach Lebendgewicht ab 1. Januar 1911 läßt dagegen eine Fortführung des Vergleichs mit den Vorjahren nicht mehr zu. Es seien daher zunächst die Viehpreise von 1878, dem Zeitpunkt der Eröffnung des Schlacht- und Viehhofs, bis 1910 umstehend tabellarisch veranschaulicht.

[1] In der am 13. Dezember 1913 endenden Woche wurde z. B. Kalbfleisch in einem Laden am Petersbergl für 60 Pf. und in einem Geschäfte in Schwabing für 1,20 Mk. pro Pfund verkauft, an beiden Stellen mit der üblichen Zuwage. In dem Schwabinger Geschäft galt aber der Preis jedenfalls für erheblich bessere Fleischteile als in dem Laden am Petersbergl.

Tabelle 11.

Die Viehpreise in München 1878–1910.

Jahre	Ochsen		Kühe		Bullen	Kälber		Schweine		Schafe
	erste Qualität									
	in Mark für 50 kg Schlachtgewicht, vier Viertel mit (m) bzw. ohne (o) Nierenfett					in Mark für 50 kg				
	m	o	m	o	o	lebend	geschlachtet	lebend	geschlachtet	geschlachtet
1878	-	64-66	-	55-57	-	38-48	43-56	-	-	-
1879	-	66-69	-	56-59	-	34-45	40-55	-	-	-
1880	-	68-71	-	52-56	-	32-43	38-53	-	-	-
1881	-	64-67	-	47-52	-	30-41	36-51	-	-	-
1882	-	68-71	-	57-61	-	32-43	38-52	-	-	-
1883	-	71-74	-	62-65	-	34-45	40-54	-	-	-
1884	-	69-72	-	58-61	-	33-43	38-53	-	-	-
1885	-	67-70	-	55-58	-	32-41	38-52	-	-	-
1886	-	64-67	-	53-57	-	34-45	40-53	-	-	-
1887	-	64-67	-	54-57	-	32-44	39-53	33-40	44-51	-
1888	-	62-65	-	50-54	-	28-43	36-53	33-39	43-51	-
1889	-	68-71	-	55-59	-	33-45	36-55	40-47	48-58	-
1890	-	72-74	-	58-64	-	38-50	45-63	40-50	50-63	-
1891	-	71-74	-	58-63	-	34-48	43-57	36-44	48-56	-
1892	-	68-71	-	55-59	-	33-45	38-54	37-45	47-56	-
1893	-	65-69	-	54-58	-	27-42	33-52	35-44	45-57	-
1894	-	71-74	-	61-65	-	36-51	41-59	37-48	47-59	-
1895	-	70-73	-	61-65	-	37-50	41-59	37-46	43-53	-
1896	-	65-68	-	54-58	-	31-45	38-56	31-40	41-52	-
1897	-	67-70	-	57-61	-	33-48	38-58	35-49	47-61	-
1898	-	68-71	-	58-62	-	35-50	42-60	38-52	49-67	-
1899	-	68-71	-	58-62	-	34-50	41-59	32-46	42-62	-
1900	-	68-71	-	58-62	-	34-49	40-58	30-44	40-59	-
1901 [1]	-	65-68	-	54-58	-	34-47	41-59	33-49	43-64	-
1901 [1]	-	71-73	-	55-59	51-54	32-46	40-55	26-51	51-67	30-45
1902	-	71-73	-	54-59	53-55	36-50	43-60	34-51	52-67	33-49
1903	69-72	72-75	54-58	55-60	58-60	38-51	46-60	30-45	48-59	37-52
1904	72-75	74-78	54-58	55-60	58-61	39-51	46-61	27-45	47-58	34-50
1905	78-81	80-83	58-62	59-63	60-63	41-53	48-63	37-56	61-72	33-51
1906	84-87	87-89	66-70	66-72	67-70	45-57	54-67	38-59	61-77	36-58
1907	87-90	89-92	66-71	66-73	63-66	42-55	50-65	34-49	54-63	34-62
1908	78-84-86	80-86-88	59-69	62-72	58-60	39-54	48-63	34-53	56-74	33-59
1909	80-84-86	83-86-89	61-70	63-73	59-61	42-55	50-66	38-59	63-76	37-58
1910	85-90-93	88-93-96	69-78	70-81	67-70	47-62	57-73	40-59	62-76	39-65

Bis Ende der 80er Jahre des verflossenen Jahrhunderts änderten sich die Großviehpreise unter gelegentlichen Schwankungen wenig; von da ab erfolgte ein zunächst langsames, häufiger noch von Preis-

[1] Erstes bzw. zweites Halbjahr.

rückgängen unterbrochenes Anziehen der Preise, das sich mehr und mehr verstärkte und für das Jahr 1910 die weitaus höchsten Preise der Berichtsperiode brachte. Bei Kälbern und Schafen waren bereits früher stärkere Preisschwankungen wahrzunehmen, aber auch bei ihnen erwies sich das Jahr 1910 als Rekordjahr. Andererseits standen im Jahre 1909 die Schweinepreise etwas höher als 1910, obschon auch in letzterem Jahre die Preise auf einem sehr hohen Stande beharrten. Den großen Schwankungen in den Zufuhren entsprechend, zeigten sich namentlich im letzten Jahrzehnt recht beträchtliche Unterschiede in der Preisnotierung für Schweine.

Zur Ergänzung der obigen Ziffern seien ferner die Preisnotierungen für Schlachtvieh nach Maßgabe der 1902 in Wirksamkeit getretenen, eingehenderen Klassifizierung bis 1910 nachgewiesen, um ein noch anschaulicheres Bild von der zunehmenden Verteuerung des Schlachtviehs in diesem Zeitraum zu gewinnen (siehe Tabelle S. 48, 49).

Bemerkenswert ist, daß die Preissteigerungen am meisten bei Ochsen erster Qualität, sowie Kälbern erster und mittlerer Qualität — für Bratenschweine ist ein Vergleich leider nicht durchführbar —, weniger jedoch bei den geringeren Qualitäten hervortreten. Das erklärt sich in der Hauptsache aus der überaus großen Nachfrage nach diesen Viehgattungen in München. Eine nur wenig verringerte Beschickung des Markts bei gleichbleibender Nachfrage kann daher bereits Preiserhöhungen zur Folge haben; um so stärker müssen diese werden, je mehr sich die Zufuhr der genannten Viehgattungen vermindert.

Infolge der neuen Preisnotierungen nach Lebendgewicht ist eine allgemeine Gegenüberstellung der gegenwärtigen Viehpreise mit denen der Vorjahre unmöglich geworden. Eine solche läßt sich nurmehr für geschlachtet auf den Markt gebrachte Kälber, Schweine und Schafe, die nach Schlachtgewicht notiert werden, durchführen, soweit deren Klassifizierung gegen früher unverändert geblieben ist. Während dies für Kälber aller Gattungen zutrifft, ist bei Schweinen die Fortführung vergleichender Daten nur hinsichtlich der Bratenschweine und bei Schafen nur hinsichtlich der mäßig genährten Hammel und Schafe möglich. Für Großvieh entfällt ein solcher Vergleich. Nach dem offiziellen Marktbericht der Preisnotierungskommission des städtischen Schlacht- und Viehhofs wurden von 1911 bis 1913 folgende Preise [1] für Großvieh, Kälber, Schafe und Schweine gezahlt (siehe Tabelle S. 50, 51).

[1] Jahresdurchschnitte aus den Monatsdurchschnitten bzw. den wöchentlichen Feststellungen berechnet.

Tabelle 12.

Preise des Schlachtviehs am Schlacht- und Viehhofe 1902—1910[1].

Jahre	Ochsen						Bullen			Kalben und Kühe						
	Vollfleischige, ausgemästete, höchsten Schlachtwertes im Alter bis zu 6 Jahren		Junge, fleischige, nicht ausgemästete und ältere ausgemästete		Mäßig genährte junge und gut genährte ältere	Gering genährte jeden Alters	Vollfleischige, schwere höchsten Schlachtwertes im Alter bis zu 8 Jahren	Mäßig genährte jüngere und gut genährte ältere	Gering genährte, leerfleischige	Vollfleischige ausgemästete höchsten Schlachtwertes im Alter von 3—6 Jahren: Kalben[2]		Vollfleischige ausgemästete höchsten Schlachtwertes im Alter von 3—6 Jahren: Kühe[2]		Ältere ausgemästete Kühe und weniger gut genährte jüngere Kühe und Kalben		Mäßig und gering genährte Kalben und Kühe
	für 50 kg Schlachtgewicht (vier Viertel mit [m], bzw. ohne [o] Nierenfett) in Mark															
	m.	o.	m.	o.	o.	o.	o.	o.	o.	m.	o.	m.	o.	m.	o.	o.
1902	—	71—73	—	66—68	54—59	49—52	53—55	49—51	45—48	.	.	—	(62-65)	—	54—59	40—48
1903	69—72	72—75	66—68	68—70	60—64	55—58	58—60	53—56	49—52	.	.	(63-65)	(65-68)	54—58	55—60	47—52
1904	72—75	74—78	67—70	69—72	61—66	56—60	58—61	53—58	48—52	.	.	(62-66)	(64-68)	54—58	55—60	48—52
1905	78—81	80—83	72—74	74—76	68—72	63—65	60—63	56—60	51—54	.	.	(66-68)	(68-70)	58—62	59—63	53—55
1906	84—87	87—89	76—78	78—80	71—76	67—70	67—70	63—67	58—62	.	.	(73-75)	(75-77)	66—70	66—72	61—65
1907	87—90	89—92	76—83	78—85	69—76	64—68	63—66	60—63	55—59	.	.	(74-78)	(76-80)	66—71	66—73	56—63
1908	78—85	80—88	65—77	68—79	58—66	53—57	58—60	52—57	47—52	.	.	(71-76)	(73-78)	59—69	62—72	50—59
1909	80-84-86	82-86-89	68—79	71—82	62—70	56—62	59—61	56—58	51—55	.	79—81	71—75	74—78	61—70	63—73	52—63
1910	85-90-93	88-93-96	73—84	76—87	70—76	62—70	67—70	64—66	61—63	.	86—88	78—84	81—85	69—78	70—81	62—69

Jahre	Kälber			Schweine					Schafe			
	Feine, beste Saug-(Mast-) Kälber	Mittlere, gute Saugkälber	Geringere Qualität	Feinste (Bratenschweine)[2]	Vollfleischige, gut genährte bis zu 40 kg Schlachtgewicht[2]	Gut gemästete, mittelschwere mit 50—80 kg Schlachtgewicht	Speckschweine mit zirka 100 kg und mehr	Mutterschweine, Eber und sonstige minderwertige	Junge Masthammel (1—2 Jahre)	Junge Mastschafe (1—2 Jahre)	Ältere gut gemästete Hammel und Schafe	Mäßig genährte Hammel und Schafe
	für 50 kg Schlachtgewicht in Mark											
1902	54—60	49—53	43—46	.	(60—67)	60—66	52—59	—	47—49	43—45	39—42	33—36
1903	57—60	51—56	46—50	.	(52—59)	50—58	48—54	—	49—52	45—48	41—44	37—40
1904	57—61	52—56	46—51	.	(50—58)	49—55	47—54	—	47—50	43—47	38—42	34—38
1905	59—63	54—58	48—53	.	(64—72)	62—71	61—68	—	49—51	45—48	40—44	33—40
1906	63—67	58—62	54—58	.	(66—77)	63—75	61—70	—	56—58	52—54	44—48	36—42
1907	61—65	56—60	50—55	.	(55—63)	55—63	54—60	—	57—62	51—56	45—49	34—39
1908	59—63	54—59	48—53	.	(58—67)	57—66	56—62	—	54—59	48—52	42—48	33—40
1909	62—66	57—61	50—56	76	65—74	65—74	63—70	—	53—58	48—53	44—48	37—43
1910	69—73	64—69	57—64	76	65—74	64—73	62—69	—	60—65	54—60	48—54	39—47

[1] Offizielle Marktberichte der Preisnotierungskommission.

[2] Die Preise für vollfleischige ausgemästete Kalben und Kühe, bzw. für feinste (Bratenschweine) und vollfleischige, gut genährte Schweine bis zu 40 kg Schlachtgewicht werden seit August 1908 getrennt notiert. Daher sind die früheren, nicht völlig vergleichbaren Preisangaben in ( ) gesetzt.

Tabelle 13.

Preise des Schlachtviehs am Schlacht- und Viehhofe 1911—1913.

A. Preise für 50 kg Lebendgewicht in Mark.

Jahre	Ochsen											
	Vollfleischige, ausgemästete						Junge, fleischige nicht ausgemästete und ältere ausgemästete[3]			Mäßig genährte junge und gut genährte ältere[4]		
	höchsten Schlachtwerts[1]			im Alter von 4—7 Jahren[2]								
	inländische	österreichisch-ungarische	holländische	inländische	österreichisch-ungarische	holländische und schwedische	inländische	österreichisch-ungarische	holländische und schwedische	inländische	österreichisch-ungarische	holländische und schwedische
1911	49—53	55—59	—	44—49	51—55	—	40—44	47—51	—	36—39	43—47	—
1912	52—55	58—62	—	48—52	55—58[5]	—	45—48	50—54		41—45	46—50	—
1913	54—57	59—63	(57—61)[6]	51—53	56—59	(53—57)[6]	47—50	52—55	50—53	43—46	47—51	45—50

Jahre	noch: Ochsen			Bullen			Kühe und Kalbinnen				
	Gering genährte jeden Alters			Vollfleischige		Mäßig genährte junge und gut genährte ältere	Vollfleischige, ausgemästete		Ältere ausgemästete Kühe und wenig gut entwickelte jüngere	Mäßig genährte	Gering genährte
	inländische	österreichisch-ungarische	schwedische	ausgewachsene höchsten Schlachtwerts	jüngere		Kalbinnen höchsten Schlachtwerts	Kühe höchsten Schlachtwerts bis zu 7 Jahren	Kühe und Kalbinnen		
1911	30—35	—	—	40—45	35—40	30—35	42—48	42—47	36—41	28—35	20—28
1912	35—41	—	—	44—49	40—44	35—40	46—52	44—49	38—43	31—37	22—30
1913	38—42	43—47	40—44	44—48	41—43	36—40	49—55	44—49	40—44	33—39	24—32

[1] Französische Ochsen notierten im ersten Halbjahr 1911 55—59 Mk. [2] Desgl. 51—54 Mk. [3] Desgl. 48—51 Mk.
[4] Desgl. 46—49 Mk. [5] Einschl. holländische Ochsen. [6] Nur erstes Halbjahr.

Jahre	Jungvieh	Kälber			Schweine						
						vollfleischige Schweine					
	Gering genährtes	Feinste, beste Saug- (Mast-) Kälber	Mittlere gute Saugkälber	Geringe Kälber	Fettschweine über 150	von 120—150	von 100—120	von 80—100	unter 80	Sauen (Mutterschweine)	Bratenschweine
					Kilogramm Lebendgewicht						
1911	18—31	62—66	57—62	47—56	43—49	43—50	43—51	42—52	41—52	35—43	51—54
1912	21—36	65—69	60—65	50—59	54—61	55—62	55—62	55—63	52—63	44—54	59—64
1913	23—36	65—67	60—64	50—60	55—61	55—62	55—62	55—63	55—64	45—53	61—65

B. Preise für 50 kg Schlachtgewicht in Mark.

Jahre	Kälber			Schafe						Schweine						
				Stallmastschafe				Weidemastschafe			Vollfleischige Schweine					
	Feinste, beste Saug- (Mast-)Kälber	Mittlere gute Saugkälber	Geringe Kälber	Mastlämmer und jüngere Mastlämmer	Sauglämmer	Ältere Masthammel, geringe Mastlämmer und gut genährte junge Schafe	Mäßig genährte Hammel und Schafe	Mastlämmer	Geringere Lämmer und Schafe	Fettschweine über 150	von 120—150	von 100—120	von 80—100	unter 80	Sauen (Mutterschweine)	Bratenschweine
										Kilogramm Lebendgewicht						
1911	71—76	66—71	56—65	—	—	—	—	62—70	46—62	54—62	52—64	53—66	51—66	50—66	46—53	63—68
1912	74—78	69—74	59—69	65—68	—	61—64	48—60	63—69	50—62	68—75	68—78	68—79	67—80	64—80	59—66	75—81
1913	74—77	69—73	59—68	76—79	—	69—75	52—68	65—73	50—65	69—76	68—78	68—80	67—81	65—81	58—67	78—84

Aus den gesamten obigen Ziffern geht für die drei letzten Jahre mit Deutlichkeit eine weitere Verteuerung aller Viehgattungen hervor. Dabei zeigt sich, daß die Steigerung der Viehpreise, die in den früheren Jahren die Tiere erster Qualität immerhin verhältnismäßig stärker als die minderen Qualitäten betroffen hatte, nunmehr in ziemlich demselben Grade auf die letzteren übergegriffen hat. Auf die Preisschwankungen in den einzelnen Monaten der letzten Jahre, die für die Erkenntnis der Fleischteuerung naturgemäß von besonderer Wichtigkeit sind, ist bei Erörterung der Spannung zwischen Vieh- und Fleischpreisen zurückzukommen.

Die Darstellung der Entwicklung der Rindviehpreise in den letzten Jahrzehnten ist, wie erwähnt, durch die neuerliche Notierung nach Lebendgewicht unterbunden worden. Um nun doch eine fortlaufende Übersicht darüber zu erhalten, seien nachstehend einige Ziffern über ihren Stand seit 1886 angeführt, die zwar als ganz allgemeine Durchschnitte mit dem gebotenen Vorbehalt zu betrachten sind, aber doch einen gewissen Einblick in die fast unausgesetzte Steigerung der Viehpreise seit den 80er Jahren des vorigen Jahrhunderts gewähren [1].

Jahre Durchschnitt	Schlachtvieh (Rinder) Durchschnitt Preis Ia 100 kg Lebendgewicht Mk.	Jahre	Schlachtvieh (Rinder) Durchschnitt Preis Ia 100 kg Lebendgewicht Mk.
1886/90	(73,10)	1905	80,92
1891/95	74,13	1906	88,16
1896/1900	71,82	1907	89,00
1901/05	75,31	1908	87,17
1906/10	93,38	1909	95,75
1901	71,50	1910	106,83
1902	72,30	1911	113,00
1903	74,60	1912	119,75
1904	77,25	1913	116,33—122,50

c) Die Entwicklung der Münchener Kleinhandelspreise für Fleisch.

Die Statistik der Münchener Fleischpreise beruht zwar seit langem auf amtlichen Aufzeichnungen; trotzdem können die für frühere Zeiten

[1] Großhandelspreise nach den Ermittlungen der Handelskammer für Oberbayern, veröffentlicht in den Monatsberichten und Jahresübersichten des Statistischen Amtes der Stadt München.

vorliegenden Durchschnittsziffern keinen Anspruch auf völlige Genauigkeit machen, da einmal das Feststellungsverfahren wenig ausgedehnt und zuverlässig war, von untergeordneten Organen der Verwaltung besorgt wurde [1] und ferner eine Ausscheidung nach Tierstücken und Qualitäten sich erst neuerdings hat bewerkstelligen lassen. Auch die Berücksichtigung des Umsatzes spielte an sich keine Rolle, obwohl eine solche durch den Einbezug der „Großen Bank" mehr oder weniger unabsichtlich stattfand. Wenn daher nachstehend eine Übersicht über die allgemeine Entwicklung der Münchener Fleischpreise seit den 20er Jahren des vorigen Jahrhunderts dargeboten wird, so interessieren daran weniger die absoluten Angaben als vielmehr in erster Reihe die Veränderungen des Preisniveaus. Es ist eben zu beachten, daß die damaligen Unzulänglichkeiten der statistischen Erfassung bzw. die gleichen Fehlerquellen, lange Zeit hindurch wirksam waren.

In Tabelle 14 sind die Preise für gute Mittelwaren nach heutigem Maß und Gewicht in Pfennigen dargestellt und der Vollständigkeit wegen auch die Preise für Geflügel mit angegeben [2] (siehe Tabelle S. 54).

Schon die Nachweisung nach Jahrfünften läßt eine sehr erhebliche Steigerung der Fleischpreise in der Epoche 1906/10 erkennen, die in den Ziffern für die einzelnen Jahre wesentlich schärfer noch hervortritt und sich in den Jahren 1911—13 weiterhin verstärkt. Lediglich die Schaffleischpreise steigen langsamer an; die Schweinefleischpreise erreichen zwar auch 1913 ihren Höhepunkt, zeigen jedoch im Jahre 1911 eine Minderung gegenüber dem Jahre 1910. In der gleichen Zeit erhöhen sich die Detailpreise für Spanferkel und Geflügel ebenfalls beträchtlich mit Ausnahme etwa für Tauben, die aber als Nahrungsmittel für die breitere Masse der Bevölkerung wenig ins Gewicht fallen. Daß Spanferkel in den letzten Jahren mehr und mehr zu einer Delikatesse geworden sind, wurde an anderer Stelle bereits betont, mag aber durch die nachstehenden Ziffern nochmals bestätigt werden.

Auf einer sichereren Grundlage als in früheren Jahren stehen die Fleischpreisnotierungen seit 1904, da in diesem Jahre die Beobachtungsbasis der Fleischpreisstatistik erheblich erweitert wurde und zu den mittleren Durchschnittspreisen durchgehends niederste und höchste hinzukamen. Aus diesem Grunde sind die Preise ab 1904 nachstehend nochmals und zwar in erweitertem Umfange dargestellt (siehe Tabelle S. 56, 57).

---

[1] Creuzbauer a. a. O., S. 77.

[2] Jahresübersichten des Statistischen Amtes der Stadt München 1911 und früher; Monatsberichte 1912 und 1913.

Tabelle 14.

Fleisch- und Geflügelpreise 1821—1913.

Jahre	Ochsenfleisch	Rindfleisch	Kalbfleisch	Schaffleisch	Schweinefleisch	Spanferkel	Hennen	Hühner	Gänse	Gänsejung	Enten	Tauben
	1 Kilo = 2 Pfd.[1]					das Stück						
	a) nach Jahrfünften seit 1821											
1821/25	46	—	39	31	51	191	70	51	179	52	82	24
1826/30	47	42	41	31	55	206	55	40	140	42	64	18
1831/35	52	46	46	36	59	240	56	49	139	44	71	19
1836/40	55	49	55	39	59	285	76	48	168	49	72	21
1841/45	57	51	56	43	67	295	79	56	201	51	81	20
1846/50	58	52	55	47	74	324	85	53	220	59	96	22
1851/55	63	57	60	47	82	394	86	67	237	64	91	25
1856/60	71	66	65	50	87	465	78	67	236	68	95	28
1861/65	79	72	71	52	94	591	110	84	267	73	120	31
1866/70	89	84	79	59	100	711	129	91	310	81	140	33
1871/75	119	107	118	78	134	738	154	114	384	103	180	41
1876/80	129	115	130	89	146	770	188	138	458	120	211	58
1881/85	133	117	95	85	141	781	183	128	430	122	238	50
1886/90	140	122	98	90	146	957	187	136	466	104	256	48
1891/95	140	123	116	97	135	1012	160	125	419	100	248	50
1896/1900	140	128	118	102	138	912	148	118	378	95	232	49
1901/05	150	134	132	114	154	999	152	122	372	89	236	52
1906/10	185	157	157	132	170	1152	180	138	426	98	260	61
	b) nach einzelnen Jahren seit 1901											
1901	140	128	118	104	146	1056	148	124	384	90	243	50
1902	144	130	128	112	152	1204	148	119	383	91	242	50
1903	152	132	128	118	150	843	151	117	362	89	246	51
1904	154	136	138	114	148	817	153	127	372	88	226	52
1905	162	142	148	121	166	1075	158	125	359	88	224	57
1906	180	150	158	130	178	1206	165	127	417	97	225	60
1907	186	158	156	131	158	827	166	132	410	95	254	60
1908	184	158	150	127	160	1059	178	138	402	97	245	59
1909	186	158	154	130	176	1227	184	145	424	100	281	64
1910	188	162	168	140	180	1442	207	150	476	101	293	64
						lebend						
1911	202	172	172	146	170	1275	247	167	496	100	290	66
1912	208	182	180	140	182	(1652)	253	167	512	108	308	66
1913	218	188	184	146	194	1950	274	176	528	113	340	64

Die ständige Erhöhung des Preisniveaus erstreckt sich nach der obigen Statistik kaum weniger auf die niedrigsten wie auf die mittleren

---

[1] Für Mastochsenfleisch durchweg, für Schweinefleisch bis 1890 einschließlich die höheren Fleischbankpreise; für die übrigen Fleischsorten sowie für Schweinefleisch seit 1891 die Ladenpreise außerhalb der „Großen Bank". Seit 1. Juli 1904 neue Art der Durchschnittsberechnung für die ganze Stadt.

und höchsten Durchschnittspreise. Es ist deshalb wohl nur teilweise für zutreffend zu erachten, wenn von seiten der Metzger darauf hingewiesen wird, daß bei der dringlichen Nachfrage nach bestimmten Fleischstücken und demgemäß höheren Preisen andere weniger begehrte Stücke zu verhältnismäßig billigeren Preisen abgegeben würden [1]. Dem widerspricht natürlich nicht der Umstand, daß in den einzelnen Stadtbezirken die Fleischpreise bzw. die dafür dargebotenen Qualitäten jeweils danach abgestuft sind, ob es sich um Arbeiterquartiere oder um Bezirke mit überwiegend kaufkräftigerer Bevölkerung handelt. Besonders deutlich ist das in Tabelle 16 dargestellt, welche sämtliche Metzgerläden der Stadt umfaßt und die recht erheblichen — in den Durchschnittspreisen verloren gehenden — Unterschiede in der Höhe der Fleischpreise veranschaulicht. Infolge der neuesten Reform der Fleischpreisstatistik, die eine Vermehrung der Beobachtungsstellen durch den Einbezug weiterer Stadtbezirke mit sich gebracht hat, ist es neuerdings möglich, ständig die Preisunterschiede in den beteiligten Bezirken, die natürlich dementsprechend ausgewählt worden sind, zu verfolgen (siehe Tabelle S. 58, 59).

Von Wichtigkeit ist es sodann, die Fleischpreise an der städtischen **Freibank** zu verfolgen. Gerade in den letzten Jahren ist deren Bedeutung für die minderbemittelten Volksschichten gewachsen. Dies beruht zunächst unmittelbar auf der Verteuerung des Lebensaufwands bzw. der Erhöhung der Fleischpreise überhaupt, die immer weitere Kreise zwingen mit dem gegen die Freibank bestehenden Vorurteil zu brechen und dort einzukaufen, ferner auf der Tatsache, daß der Fleischbank infolge direkter Fleischeinfuhr durch die Stadtverwaltung usw. zeitweise größere Fleischmengen, die vorher im Schlachthof unverkäuflich geblieben waren, überwiesen werden konnten (siehe Tabelle S. 60).

---

[1] Eine **Erklärung der Münchener Bankmetzgermeister** Anfang Februar 1914 in den Münchener Tageszeitungen besagt u. a. folgendes: „Leider ist es zu wenig bekannt, daß verschiedene Stücke von Masttieren bester Qualität (insbesondere Ochsenfleisch) zu den auskömmlichsten Preisen abgegeben werden, wenn die verehrliche Kundschaft sich nicht gerade auf die begehrtesten Teile kapriziert; möge doch von diesem Anerbieten mehr Gebrauch gemacht werden, besonders von seiten derjenigen, die sich über hohe Fleischpreise beklagen.“ Hierzu ist zu bemerken, daß die Bankmetzgermeister zwar häufiger minderbegehrte Stücke zu etwas verbilligten Preisen an ihre Kundschaft abgeben, wie dies auch aus den Zusammenstellungen der Fleischpreisstatistik hervorgeht, daß sie aber solches Fleisch nicht selten auch an andere Metzgermeister, die dafür eine besondere Verwendung haben, veräußern. Es fehlt jeglicher Anhaltspunkt dafür, in welchem Umfange das geschieht. Ebenso läßt sich nicht feststellen, ob letztere Metzger die in Betracht kommenden Fleischstücke gleichfalls verhältnismäßig billig an die Konsumenten verkaufen.

Tabelle 15.

Fleischpreise[1] in

Jahre	Mastochsenfleisch						Ochsenfleisch						Mastkuhfleisch			Kuhfleisch			Kalbfleisch		
	allgemein[2]			Stich, Hals usw.			allgemein[2]			Stich, Hals usw.			allgemein[2]			allgemein[2]			ohne Koteletts		
	n.[3]	m.	h.	n.	m.	h.	n.	m.	h.	n.	m.	h.	n.	m.	h.	n.	m.	h.	n.	m.	h.
1904	71	77	80	52	61	67	69	72	76	(60	65	69)	65	69	(71)	(60)	65	68	60	69	74
1905	76	81	84	61	69	73	72	77	80	66	70	74	68	71	74	62	68	71	66	74	80
1906	82	90	93	69	76	78	79	83	87	74	78	81	74	77	79	67	72	75	70	79	85
1907	87	93	95	72	79	83	83	87	90	79	81	86	77	79	82	71	76	79	68	78	84
1908	90	92	96	69	76	82	83	86	89	76	79	85	76	78	80	69	74	79	66	75	82
1909	90	93	96	70	78	83	83	86	89	73	78	85	76	78	80	70	74	79	69	77	84
1910	90	94	97	72	80	84	84	88	91	78	82	86	78	80	83	74	78	81	75	84	90
1911	94	101	103	80	86	89	88	93	96	82	85	91	83	86	88	79	84	86	78	86	92
1912	96	104	106	82	88	92	92	96	99	84	89	95	87	90	93	83	88	91	81	90	96
1913	99	109	112	86	92	95	95	100	102	89	93	99	89	92	95	86	90	94	82	92	98

Daß an der Freibank nicht zu einem Einheitspreis verkauft wird, erklärt sich aus den Qualitätsabstufungen vom beanstandeten, aber freigegebenen Fleisch an bis zum freiwillig eingelieferten Fleisch erster und zweiter Qualität. Damit hängt zusammen, daß die Spannungen zwischen Höchst- und Niedrigstpreisen im Laufe der Jahre größer geworden sind, weil sich das an der Freibank veräußerte Fleisch besserer Qualität bis zu einem bestimmten Grade den allgemeinen Fleischpreisen nähern muß.

Die Preise für Pferdefleisch, das für die minderbemittelte Bevölkerung ebenfalls von Bedeutung ist, lassen sich ziffermäßig nicht festlegen, da sie nach der Qualität des jeweiligen Angebots und der Stärke der Nachfrage großen Schwankungen unterliegen.

Bedeutsamer als die Freibankpreise sind für die breite Masse der Bevölkerung Münchens ohne Zweifel die Wurstpreise. Infolge der Verteuerung des Fleisches hat der Wurstkonsum stark zugenommen, was schon in der erhöhten Zahl von Stierschlachtungen mittelbar zum Ausdruck kommt. In einer Gegenüberstellung früherer und heutiger Wurstpreise spiegeln sich zwar auch die gegenwärtigen höheren Fleischpreise

[1] Preise für Mittelware (mit Zuwage) in Pfennigen für $1/2$ kg (soweit nicht anders vermerkt). Durchschnitt ab 1. Juli 1904 berechnet aus den wöchentlichen Preisangaben für die „Große Bank", die Fleischstände am Viktualienmarkt und über 100 Läden in 9 Stadtbezirken.

[2] Ohne Lenden und Filet.

[3] Niedrigster, mittlerer und höchster Durchschnittspreis.

( ) Nur zweites Halbjahr.

Tabelle 15.

München 1904—1913.

Hammelfleisch						Schaffleisch						Schweinefleisch			Spanferkel		Lämmer	Kitze
Schlegel Karree			sonst			Schlegel			sonst			allgemein			tot	lebend		
n.	m.	h.	n.	m.	h.	n.	m.	h.	n.	m.	h.	n.	m.	h.	1 Stück			
(64)	70	76	50	(59)	64	(58)	62	67	(48)	52	57	68	74	77	817		595	497
67	72	76	54	62	66	61	65	69	52	56	60	76	83	87	1075		600	542
72	77	84	60	67	73	64	69	73	56	61	65	82	89	93	1206		643	510
73	79	86	59	69	75	65	70	76	57	61	65	72	79	84	827		626	508
72	78	85	56	66	74	64	68	73	54	59	64	74	80	85	1059		624	491
73	79	86	57	67	75	66	71	76	53	59	63	83	88	91	1227		631	502
77	83	90	60	72	79	71	75	80	58	65	69	86	90	95	1442		834	556
80	86	92	63	74	82	73	79	84	59	67	71	78	85	90	868	1275	980	600
83	89	94	65	76	84	77	83	88	64	70	75	85	91	96	850	1652	1017	640
90	96	103	71	83	91	81	86	91	66	73	77	88	97	103	—	1950	1171	565

wider; man kann sich aber trotzdem kein klares Bild von der Verteuerung dieses Lebensmittels machen, weil der Detailkauf von Wurstwaren, insbesondere von seiten der Arbeiterschaft vorzugsweise in kleinen Mengen erfolgt, die sich unter Beibehaltung der alten Preise allmählich immer mehr verkleinert haben [1]. Andererseits gibt die Verteuerung von Wurstpreis bzw. Wurstmenge für die Haushaltungen des Mittelstandes neuerdings häufiger als früher Veranlassung dazu, aus Niederbayern, Franken, Thüringen, Westfalen, Hessen usw. Wurstwaren und Schinken in Postsendungen (5 kg-Pakete) zu beziehen. Das ist um so mehr in Aufnahme gekommen, als Wurstwaren dieser Herkunft seit langem von den Münchenern Charkutiers vertrieben — bzw. nachgeahmt — werden und weil ferner die „einheimischen", großenteils aus Kalbfleisch hergestellten Wurstwaren nicht jedem Geschmack zusagen. Die für fremde Wurstwaren zu entrichtenden Preise entziehen sich begreiflicherweise der amtlichen statistischen Registrierung. In welchem Maße fremde — bzw. nach fremdem Rezept in München hergestellte — Wurstwaren in Münchener Geschäften feilgehalten und welche Preise dafür gegenwärtig gefordert werden, ergibt

[1] Natürlich trifft das nicht für alle Fälle zu; aber beispielsweise geschieht der Einkauf von „gemischtem Aufschnitt", von „Streichwurst", Leberkäse, „warmer Leoni" usw., die großer Nachfrage begegnen, durchgehends um einen genau bestimmten Preis (12, 15, 20 Pf. usw.). Für die finanziell am wenigsten leistungsfähige Bevölkerung bedeutete es eine merkliche Verteuerung ihres Wurstbezugs, als vor einigen Jahren die Verabreichung des Mindestquantums von Wurst von der Zahlung von 12 anstatt wie bisher 10 Pf. abhängig gemacht wurde.

Tabelle 16.

Vergleichende Übersicht über die Fleisch-
nach besonderen Erhebungen der Direktion der Bezirks-

Zahl der Metzger, die zu den in der Vor-

Preise pro 1/2 kg Fleisch in Pfennigen	Mastochsenfleisch				Ochsenfleisch				Mastkuhfleisch			
	Rose, Grat, Schor- und Zwerchrippe	Brustkern ausgelöst	sonst	Stich, Hals, Brust usw.	Rose, Grat, Schor- und Zwerchrippe	Brustkern	sonst	Stich, Hals, Brust usw.	Rose, Grat, Schor- und Zwerchrippe	Brustkern	sonst	Stich, Hals, Brust usw.
50	—	—	—	—	—	—	—	—	—	—	—	—
54	—	—	—	—	—	—	—	—	—	—	—	—
56	—	—	—	—	—	—	—	—	—	—	—	—
58	—	—	—	—	—	—	—	—	—	—	—	—
60	—	—	—	—	—	—	—	—	—	—	—	—
62	—	—	—	—	—	—	—	—	—	—	—	
64	—	—	—	—	—	—	—	—	—	—	—	—
66	—	—	—	—	—	—	—	—	—	—	—	—
68	—	—	—	—	—	—	—	—	—	—	—	—
70	—	—	—	2	—	—	—	1	—	—	—	5
72	—	—	—	—	—	—	—	—	—	—	—	1
74	—	—	—	—	—	—	—	—	—	—	—	—
76	—	—	—	3	—	—	—	2	1	2	3	10
78	—	—	—	—	—	—	—	1	—	—	—	1
80	—	2	—	48	—	2	—	19	6	5	5	29
82	—	—	—	—	—	—	—	—	—	1	1	1
84	—	—	—	3	1	—	2	9	3	6	8	10
86	—	3	—	43	2	6	3	32	7	5	11	26
88	—	—	—	—	—	—	—	—	—	1	2	1
90	—	11	2	94	12	27	23	98	49	45	48	41
92	—	—	—	—	—	—	—	—	—	—	4	—
94	—	1	10	8	3	4	5	3	17	13	16	8
96	8	32	33	32	31	56	67	50	30	34	54	7
98	—	—	—	—	1	1	2	—	—	—	2	1
100	62	142	209	26	89	106	142	19	15	5	2	—
102	—	10	—	—	—	—	—	—	—	—	—	—
104	—	—	—	—	5	—	—	—	—	—	—	—
106	13	4	1	—	23	8	5	—	1	—	1	—
110	140	28	17	—	63	11	1	—	—	—	—	—
115	3	—	—	—	—	—	—	—	—	—	—	—
120	21	—	—	—	4	—	—	—	—	—	—	—
130	—	—	—	—	—	—	—	—	—	—	—	—
Sa.:	247	233	272	259	234	221	250	234	129	117	157	141

sich aus der auf S. 59—61 dargestellten Nachweisung der Preise[1] für die in München gangbarsten Wurstwaren (Preise für 1/2 kg).

[1] Die Angaben beruhen auf einer im Januar 1914 durchgeführten amtlichen Erhebung. Im Ausschnitt erhöhen sich die Preise etwas, was sich durch das sogenannte Einwiegen rechtfertigt.

Tabelle 16.

preise in München am 26. Januar 1914

inspektoren in den sämtlichen 783 Metzgerläden der Stadt.

spalte angegebenen Preisen verkauften.

Kuhfleisch	Kalbfleisch: Schlegel	Kalbfleisch: Bug	Kalbfleisch: Nierenstück	Kalbfleisch: sonst	Schweinefleisch: Schlegel	Schweinefleisch: Bug	Schweinefleisch: Grat	Schweinefleisch: sonst	Hammelfleisch: Schlegel, Karree	Hammelfleisch: sonst	Schaffleisch: Schlegel	Schaffleisch: sonst
—	—	—	—	—	—	—	—	—	—	1	—	1
—	—	—	—	—	—	—	—	—	—	1	—	4
—	—	—	—	—	—	—	—	—	1	1	—	2
—	—	—	—	—	—	—	—	—	—	—	—	1
—	—	—	—	—	—	—	—	—	—	6	1	1
—	—	—	—	1	—	—	—	—	—	—	—	—
—	—	—	1	5	—	—	—	—	—	1	—	—
—	2	7	18	27	—	—	—	—	—	12	—	6
—	1	5	7	16	—	—	—	—	—	6	1	2
1	15	35	43	60	—	1	2	4	6	80	2	6
—	2	5	7	6	—	—	2	2	—	—	—	—
—	13	19	21	41	1	1	2	8	—	18	—	3
—	27	95	119	168	15	17	22	45	7	117	4	10
2	10	12	22	20	5	9	11	17	1	7	—	—
7	79	190	204	243	96	115	116	150	41	114	12	5
—	3	—	—	—	3	2	4	6	—	—	—	—
5	34	14	13	16	36	32	27	39	12	3	1	1
20	118	107	84	93	126	155	145	205	63	33	8	1
3	4	118	—	—	2	3	2	4	—	—	—	—
41	220	—	58	50	227	215	204	216	122	27	6	—
—	—	—	—	—	—	—	—	—	—	—	—	—
16	4	—	—	—	6	5	2	1	2	—	—	—
14	71	31	11	10	102	67	55	48	68	3	1	—
—	—	—	—	—	—	—	—	—	—	—	—	—
—	87	17	3	1	45	27	14	8	75	1	2	—
—	—	—	—	—	—	—	—	—	—	—	—	—
—	—	—	—	—	—	—	—	—	—	—	—	—
—	3	—	—	—	—	—	—	—	1	—	—	—
—	33	2	—	—	3	—	—	—	12	—	—	—
—	—	—	—	—	—	—	—	—	—	—	—	—
—	5	1	—	—	—	—	—	—	1	—	—	—
—	1	—	—	—	—	—	—	—	—	—	—	—
109	732	658	611	757	667	649	608	753	412	431	38	43

Dicke per 12 Stück . . . . 1,00 Mk.
Dünne per 12 Paar . . . . 1,00 „
Lungenwürste per 12 Stück . . . . 1,00 „
Wollwürste per 10 Stück . . . . 1,00 „
Münchener Weißwürste per 10 Stück . . . . 1,00 „

Tabelle 17.

Freibankpreise.

Jahre	Preise für 1/2 kg in Pfennigen				
	Ochsenfleisch	Rindfleisch	Kalbfleisch	Schweinefleisch	Schaffleisch
Durchschnitt					
1881/85	31--53	19—52	24—43	30—53	19—39
1886/90	31—56	21—51	26—52	35—58	20—38
1891/95	33—58	22—53	27—53	33—56	19—37
1896/1900	28—58	16 —53	24—57	33—60	16—42
1901/05	29—61	20—55	27--60	36—64	21—40
1906/10	30—71	20—64	30—62	27—73	20—44
1901	30—58	20—52	26—58	40—60	20—40
1902	30—60	20—54	26—60	40—64	20—40
1903	26—60	20—54	26—60	32—62	20—42
1904	30—60	20—56	26—60	34—60	20—40
1905	30—66	20—58	30—60	34—72	24—40.
1906	34—68	20—64	30—62	30—74	20—44
1907	28—70	20—64	30—62	30—68	20—44
1908	30--70	20—64	30—60	30—72	20—42
1909	30—70	20—62	30—60	30—74	16—44
1910	30—78	20—68	28—66	15—76	24—44
1911	36—80	20—70	30—70	36—70	20—48
1912	40—88	26—78	32—76	40—84	26—56
1913	50—88	24—78	30—76	54—84	26—56

Münchener Kalbsbratwürste per 10 Stück .	1,00	Mk.
Wiener Würste per 11 Paar	1,00	"
Dampfwürste per 11 Stück	1,00	"
Regensburger Knackwürste per 11 Stück .	1,00	"
Bayerische Leberwürste per 12 Stück . .	1,00	"
Bayerische Blutwürste per 12 Stück . . .	1,00	"
Sulz-Preßsack, weiß	0,60—0,70	"
Ansbacher Preßsack, rot.	0,70—0,80	"
Leberpreßsack	0,65	"
Blutpreßsack	0,65	"
Lyoner	0,60—0,70	"
Frankfurter Leberwurst	0,60—0,70	"
Gelbwurst	0,70	"
Leberkäs.	0,60—0,70	"
Zungenwurst	0,80	"
Fränkische Blutwurst.	0,70	"

Stuttgarter Lyoner	1,20	Mk.
Kalbfleischwurst	0,90—1,00	„
Stuttgarter Zungenwurst	1,20	„
Mettwurst	1,20	„
Polnische	1,20	„
Berliner	0,85	„
Schweinsroulade	1,70	„
Hausmacher Leberwurst	1,25	„
Sardellenleberwurst	1,25	„
Nürnberger Leberkäs	0,90	„
Stuttgarter Leberkäs	0,80	„
Delikateß Leberwurst	1,10	„
Pfälzer Bratwürste, frisch, per 4 Paar	1,00	„
Pfälzer Bratwürste, geräuchert, per 4 Paar	1,00	„
Münchener Schweinswürstchen per 10 Paar	1,00	„
Wiener Knackwürste per 6 Stück	1,00	„
Deutsche Salami	1,50	„
Gothaer Zervelat	1,50	„
Göttinger Bläschen	1,00	„
Göttinger Bläschen, gekocht	1,30	„

Ein Rückblick auf die Preise von Wurstwaren in früheren Jahren ist mangels amtlicher Anschreibungen nur schwer durchführbar. Um aber einigermaßen einen Überblick über die Veränderungen ihres Preisniveaus zu erhalten, seien im folgenden einige Konsumvereinspreise nachgewiesen (siehe Tabelle S. 62).

Wenn es sich auch bei den zu untenstehenden Preisen kaufenden Beamten und Arbeitern nur um einen engbegrenzten Kreis von Personen handelt und die Preise für die Allgemeinheit nicht maßgebend sind, so geben diese immerhin ein Bild von der Verteuerung einzelner Wurstwaren in den letzten zwölf Jahren. In den Charkutier- und sonstigen Lebensmittelgeschäften dürften ohne Zweifel größere Preisaufschläge erfolgt sein.

d) Die Spannung zwischen Groß- und Kleinhandelspreisen für Fleisch.

In den vielfachen Auseinandersetzungen über die Verteuerung der Fleischpreise spielt die Spannung zwischen den Schlachtvieh- und Fleischpreisen eine so gewichtige Rolle, weil sich daran stets Erörterungen über den zulässigen oder unzulässigen Gewinn der Metzger an-

Tabelle 18.

Konsumvereinspreise für Wurstwaren.

Preise zu Anfang Januar[1]	Preise für 1 Pfund (bzw. 1 Stück)													
	Zervelat und Salami	Göttinger Wurst	Mettwurst	Thüringer Leberwurst	Preßsack	Speck	Wammerl (Rauchfleisch)	Ripperl	Schützenwurst	Braunschweiger Leberwurst	Rotwurst	Regensburger	Schinkenwurst	Fleischpreßsack
1903	180	180	150	100	100	120	—	—	20	—	—	12	—	—
1904	180	180	150	100	100	120	—	—	20	—	—	12	—	—
1905	.	.	.	.	.	.	.	.	.	.	.	.	.	.
1906	180	180	150	—	80 u. 160	115	115	—	20	100	—	12	—	—
1907	180	180	150	—	100	115	120	125	20	120	—	12	—	—
1908	180	180	140	80 u. 120	80	110	120	120	20	—	—	12	—	—
1909	180	180	140	80	80	100	120	120	20	120	80	12	140	140
1910	180[2]	180[2]	140	90	80	120	130	130	22	120	90	12	140	140
1911	200[2]	200[2]	140	100	80	120	130	130	25	140	90	12	140	140
1912	180[2]	180[2]	140	100	80	120	120	130	—	140	90	12	—	—
1913	200[2]	200[2]	150	100	90	130	130	130	—	150	100	12	—	—
1914	200	200	150	100	100	120	130	130	—	—	100	12	140	—

schließen. Aber auch die Unterschiede zwischen den Groß- und Kleinhandelspreisen sind mit demselben Vorbehalt wie diese selbst zu betrachten, da sie in gleicher Weise auf die berechneten Durchschnittsziffern zurückgehen, und zwar sind die Angaben um so ungewisser, je weiter sie zurückliegen. Wenn aus der zu einem bestimmten Zeitpunkt bestehenden Spannung zwischen Vieh- und Fleischpreisen auf einen übermäßigen Gewinn des Metzgergewerbes geschlossen werden soll, müßte man außer über die Preisnotierungen über die derzeitige Rentabilität des gesamten Schlachtgeschäfts unterrichtet sein, wozu jedoch gegenwärtig für München die erforderlichen Unterlagen fehlen. Trotzdem ist eine einwandfreie Ermittlung des Unterschieds zwischen beiden Preisen wichtig, um gegebenenfalls ein Eingreifen der Stadtgemeinde in Zeiten unzulänglicher Fleischversorgung und anormaler Preisverhältnisse zu rechtfertigen. Für die Woche vom 23. bis 28. Februar 1914 wurde das Verhältnis zwischen den Münchener Vieh- und Fleischpreisen von der Direktion des städtischen Schlacht- und Viehhofs einer eingehenden Untersuchung unterzogen, deren Ergebnisse nachstehend mitgeteilt sind:

[1] Die Preise sind den Preislisten für die Mitglieder des Konsumvereins München von 1864 entnommen.

[2] Auf ganze Würste 5% Rabatt.

Mastochsen. I. Qualität.

Notierung per 50 kg Lebendgewicht, 50—54 Mk., Österreicher 58—60 Mk. Mehrzahl der Tiere verkauft um 50—58 Mk. absoluter Höchstzahl und 50 Mk. (31 Stck.). Einkaufspreis Schlachtgewicht bei 58 Mk. lebend und 56 % Schlachtausbeute per Pfd. 1,04 Mk. Ladenverkaufspreis durchschnittlich mit **1,04** Mk. angemessen (Wert von Haut- und Eingeweiden-Verdienst und Spesen).

Fleischpreisnotierung der „Großen Bank" **80—90** Pf. für mindere, **1—1,20** Mk. für bessere Stücke; Fleischpreisnotierung in den Läden der Stadt **83—91** Pf. für mindere, **99—113** Pf. für bessere Stücke. Da Größe und Gewicht der zu verschiedenen Preisen verkauften Stücke nicht feststeht, ist der wirklich erzielte durchschnittliche Fleischpreis nur im Einzelfalle zu berechnen.

Mastochsen. II. Qualität.

Notierung lebend 46—49 Mk., Österreicher 55—57 Mk. Mehrzahl verkauft um 48—50 Mk., darüber geht als I. Qualität. Einkaufspreis Schlachtgewicht bei 50 Mk. lebend und 52 % Ausbeute per Pfund 96—98 Pf. Ladenverkaufspreis mit **96—98** Pf. angemessen. Fleischpreisnotierung in der „Großen Bank" wie bei Mastochsen I. Qualität, Fleischpreisnotierung in den Läden der Stadt desgleichen in der Annahme, daß Mastochsen I. und II. Qualität nach der Notierung allgemein als Mastochsenfleisch verkauft werden.

Ochsen. III. Qualität.

Notierung lebend 43—45 Mk., Österreicher 52—54 Mk. Mehrzahl verkauft um 45 Mk. Einkaufspreis Schlachtgewicht bei 45 Mk. lebend und 50 % Ausbeute per Pfund 90 Pf., Ladenverkaufspreis durchschnittlich mit **92** Pf. angemessen (viel Knochen und wenig Fett). Fleischpreisnotierung in den Läden der Stadt **86—96** Pf. für mindere, **93—104** Pf. für bessere Stücke (allgemein).

Ochsen. IV. und V. Qualität.

Notierung 36—42 Mk., Österreicher 39—51 Mk. (unter 43 noch 82 Stück). Einkaufspreis Schlachtgewicht bei 42 Mk. lebend und 48 % Ausbeute per Pfund 88 Pf., Ladenverkaufspreis durchschnittlich mit **90** Pf. angemessen.

Fleischpreisnotierung wie bei Ochsen III. Qualität.

Mastkühe. I. Qualität.

Notierung 41—44 Mk., Kalbinnen (Mastrindfleisch) 44—49 Mk.

Mehrzahl verkauft um 41—44 Mk. Einkaufspreis Schlachtgewicht bei 44 Mk. lebend und 50 % Ausbeute per Pfund 88 Pf. Ladenverkaufspreis mit **90** Pf. angemessen (geringerer Wert von Haut und Eingeweiden). Fleischpreisnotierung Mastkuhfleisch Viktualienmarkt **80—86** Pf. für mindere, **86—90** Pf. für bessere Stücke, in den Läden der Stadt **88—96** Pf.

Kühe. II. und III. Qualität.

Mehrzahl verkauft um 36—40 Mk., absolute Höchstziffer um 38 Mk.

Einkaufspreis Schlachtgewicht bei 40 Mk. lebend und 48 % Ausbeute per Pfund 83 Pf.

Einkaufspreis Schlachtgewicht bei 36 Mk. lebend und 46 % Ausbeute, per Pfund 78 Pf.

Ladenverkaufspreis durchschnittlich mit **80—85** Pf. angemessen. Fleischpreisnotierung in den Läden der Stadt **84—93** Pf. Unter 36 Mk. noch verkauft 140 Stück von 476 (meist zu Wurst und Konserven verarbeitet).

Kälber

	lebend	tot im Fell
Notierung I. Qualität	62—63 Mk. pro 50 kg,	72—73 Mk. pro 50 kg
„ II. „	59—61 „ „	68—71 „ „
„ III. „	52—58 „ „	62—67 „ „
Mehrzahl verkauft um	56—64 „ „	64—72 „ „
Absolut höchste Zahl	60 „ „	70 „ „

Einkaufspreis Schlachtgewicht I. Qualität 63 + 14 Pf. = 77 Pf. 73 Mk. pro 50 kg.

Einkaufspreis Schlachtgewicht II. u. III. Qualität 56 + 12 Pf. = 68 Pf., 68 Mk. pro 50 kg.

Fleischverkaufspreis I. Qualität 77 + 14 Pf. (Spesen und Verdienst) = 91 Pf. 73 + 14 = 87 Pf.

Fleischverkaufspreis II. u. III. Qualität 68 + 14 Pf. (Spesen und Verdienst) = 82 Pf. 68 + 14 = 82 Pf.

Ladenfleischpreis mit **82—91** Pf. angemessen.

Fleischpreisnotierung I. Qual. „Große Bank" **80—96** Pf.

„ in den Läden der Stadt **78—96** „ mittlerer 88 Pf.

Schweine (Notierung pro 50 kg)

	lebend	tot
a) I. Qualität Bratenschweine Notierung	52—55 Mk.	67—70 Mk.
Mehrzahl verkauft um	52 „	68 „
Einkaufspreis Schlachtgewicht bei 16 Pf. Verlust = 68—71 Pf.		67—70 „
Ladenverkaufspreis bei 14 Pf. Spesen und Verdienst = **82—85** Pf.		81—84 „
Fleischpreis mit **82—90** Pf. angemessen (Bratenschweine oft mehr Verlust wie 16 Pf.).		
Fleischpreisnotierung d. „Großen Bank" **80—96** Pf., hauptsächlich		**90—96** Pf.
Fleischpreisnotierung i. d. Läden d. Stadt **77—94** Pf., mittlerer		**86** „
b) Qualität e, Schweine unter 80 kg Notierung	46—53 Mk.	56—69 Mk.
Mehrzahl verkauft um 48—52, absolut höchste um	50 „	60—68 „ höchste Zahl 62
Einkaufspreis Schlachtgew. bei 16 Pf. Verlust	62—69 Pf. absolut höchste Zahl 66 Pf.,	56—69 Mk. höchste Zahl 62
Fleischverkaufspreis bei 14 Pf. Spesen und Verdienst	76—83 Pf. absolut höchste Zahl 80 Pf.,	70—83 Pf. höchste Zahl 76

Fleischpreise angemessen mit **70—83** Pf., das ist je nach Qualität in der Mehrzahl **76—80** Pf.

Fleischpreisnotierung in den Läden der Stadt 77—94 Pf., mittlerer 86 Pf.

Bei Betrachtung der Spannungen zwischen den Münchener Vieh- und Fleischpreisen während eines längeren Zeitraums läßt sich lediglich feststellen, ob die Metzger den Schwankungen der Viehpreise ihrerseits sofort mit Preisaufschlägen oder Abschlägen folgen. Es wird ihnen häufig und nicht ganz zu Unrecht der Vorwurf gemacht, daß sie die Steigerung der Viehpreise zwar mit sofortiger Heraufsetzung der Fleischpreise beantworten, bei deren Rückgang aber nur zögernd zu einer Verbilligung der Detailpreise schreiten. Dem wird mit einer gewissen Berechtigung entgegengehalten werden können, daß bisweilen eine größer gewordene Spannung zwischen Vieh- und Fleischpreisen mit Rücksicht auf

Tabelle 19.

Bewegung der Vieh- und Fleischpreise in den letzten fünf Jahren.

Die Viehpreise sind nach den höchsten und niedrigsten Preisen in Mark pro 50 kg, die Fleischpreise nach den mittleren Preisen in Pfennigen pro Pfund angegeben.

Jahr und Monat	Mastochsen (Schlachtwertklasse a und b) Lebendgewicht	Mastochsenfleisch (allgemein)[1]	Ochsen (Schlachtwertklasse c) Lebendgewicht	Ochsenfleisch (allgemein[1])	Kühe (Schlachtwertklasse b und c) Lebendgewicht	Kuhfleisch[2]	Kälber (Schlachtwertklassen a bis c) Schlachtgewicht	Kalbfleisch	Schweine (Schlachtwertklasse e und g) Schlachtgewicht	Schweinefleisch
1909										
Januar	—	—	—	—	—	—	47—62	73	62—73	85
Februar	—	—	—	—	—	—	49—64	75	61—72	86
März	—	—	—	—	—	—	52—67	77	60—73	86
April	—	—	—	—	—	—	53—70	80	60—72	86
Mai	—	—	—	—	—	—	54—72	81	62—72	86
Juni	—	—	—	—	—	—	51—68	80	63—74	86
Juli	—	—	—	—	—	—	47—63	76	68—77	87
August	—	—	—	—	—	—	46—61	74	72—82	90
September	—	—	—	—	—	—	58—71	79	74—82	91
Oktober	—	—	—	—	—	—	56—70	80	70—80	91
November	—	—	—	—	—	—	47—62	77	69—80	90
Dezember	—	—	—	—	—	—	44—58	71	65—78	90
1910										
Januar	—	—	—	—	—	—	51—66	76	64—77	90
Februar	—	—	—	—	—	—	52—69	79	64—76	90
März	—	—	—	—	—	—	60—75	82	64—75	90
April	—	—	—	—	—	—	53—71	88	64—75	90
Mai	—	—	—	—	—	—	61—80	88	67—78	90
Juni	—	—	—	—	—	—	61—75	84	66—77	90
Juli	—	—	—	—	—	—	64—80	89	65—78	90
August	—	—	—	—	—	—	59—75	87	70—80	91
September	—	—	—	—	—	—	64—77	88	69—78	91
Oktober	—	—	—	—	—	—	65—77	88	64—76	91
November	—	—	—	—	—	—	49—66	84	62—73	90
Dezember	—	—	—	—	—	—	49—64	78	60—71	89

[1] Ohne Lende und Filet, sowie ohne Stich, Hals, Brust. [2] Ohne Mastkuhfleisch.

1911										
Januar	42—(60)	97	36—(53)	90	34—45	82	56—71	84	57—71	88
Februar	43—(60)	97	37—(53)	91	36—48	82	58—80	88	48—71	87
März	43—62	97	38—53	91	37—49	82	58—78	88	46—70	86
April	46—59	101	41—51	92	37—48	83	63—80	90	50—68	87
Mai	45—58	102	40—48	93	38—49	84	61—79	90	52—67	87
Juni	47—60	102	42—49	93	39—50	84	67—83	91	52—68	87
Juli	46—58	104	43—51	94	37—49	85	56—75	90	52—68	86
August	45—59	101	41—51	94	35—46	85	51—69	85	55—71	87
September	46—59	102	42—52	94	35—46	84	58—74	84	50—68	85
Oktober	45—58	102	41—51	94	34—45	84	53—74	86	46—65	82
November	43—58	102	39—51	94	34—45	84	47—69	82	47—62	76
Dezember	44—58	102	40—51	94	33—44	84	49—68	79	45—62	76
1912										
Januar	44—58	102	40—51	94	34—45	84	50—70	80	46—64	77
Februar	45—59	102	41—52	94	34—45	84	55—75	85	49—64	78
März	48—60	102	44—52	95	36—48	86	59—80	89	56—75	85
April	48—61	102	44—53	95	38—49	85	58—82	92	62—79	90
Mai	49—60	103	45—52	96	39—51	87	59—80	91	64—81	91
Juni	49—59	103	46—52	96	40—51	88	64—81	93	67—81	93
Juli	49—60	104	46—52	96	39—50	90	56—74	91	71—85	94
August	50—62	104	47—54	96	39—51	90	65—81	92	75—88	98
September	52—63	105	48—57	98	39—50	90	71—85	95	73—88	99
Oktober	51—64	106	48—56	98	40—50	90	64—82	95	68—87	97
November	51—66	107	48—59	98	39—50	90	51—71	88	68—87	96
Dezember	50—65	107	46—58	98	38—50	90	58—75	86	71—86	97
1913										
Januar	51—65	108	48—58	99	40—50	90	62—80	93	70—90	101
Februar	52—67	109	47—59	99	40—50	90	62—80	93	70—86	100
März	52—66	108	48—58	99	41—49	90	60—80	93	68—86	99
April	52—65	109	48—58	100	40—49	90	59—80	94	63—85	98
Mai	51—63	109	48—56	100	39—48	90	61—86	98	65—85	97
Juni	51—61	109	48—54	100	40—50	90	54—76	92	64—83	95
Juli	51—60	108	47—54	100	40—49	91	58—75	92	65—84	95
August	51—61	110	48—54	100	41—50	92	64—76	92	69—89	98
September	51—60	110	47—54	99	40—49	90	62—76	92	66—84	98
Oktober	50—61	109	47—54	100	40—49	91	62—75	92	62—80	96
November	48—61	109	45—53	100	38—48	90	51—71	88	60—79	94
Dezember	47—60	110	44—53	99	38—46	90	54—71	85	58—76	92
1914										
1. bis 3. Woche	47—62	110	45—54	99	38—46	91	51—70	87	61—75	92

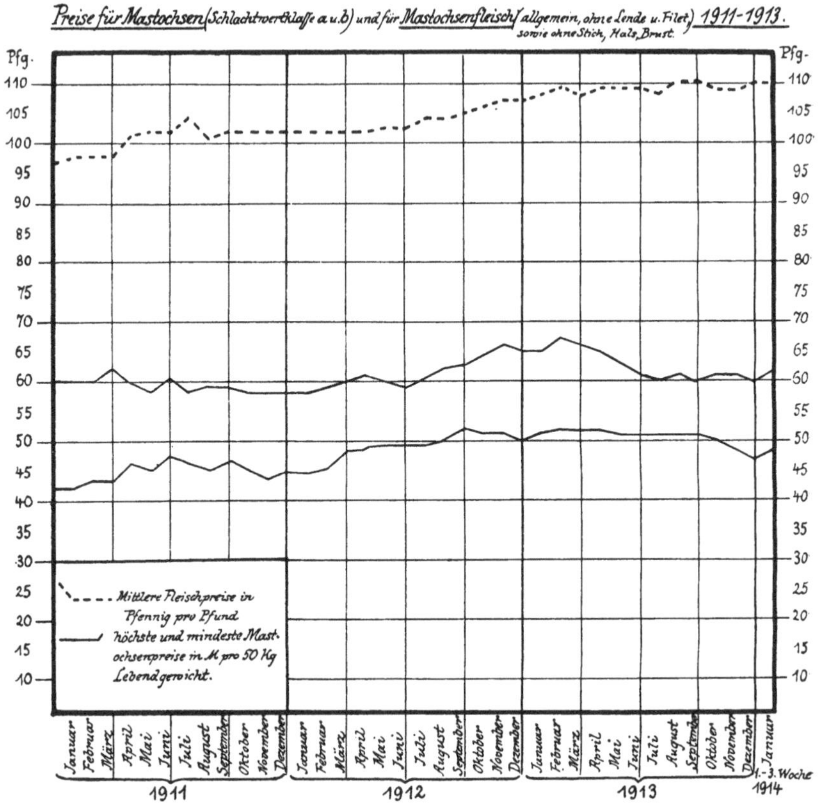

die geringere Differenz beim Steigen der Preise in früheren Jahren milder zu beurteilen ist.

Infolge der Preisnotierung nach Lebendgewicht seit 1911 lassen sich die Spannungen zwischen den Groß- und Kleinhandelspreisen für Großvieh in der gleichen Weise nicht auf lange hinaus zurückverfolgen. Deshalb soll davon abgesehen werden, die Verhältnisse früherer Jahre in den Kreis der Darstellung zu ziehen, was übrigens von Attinger[1] bereits geschehen ist.

[1] A. a. O. S. 774 ff.

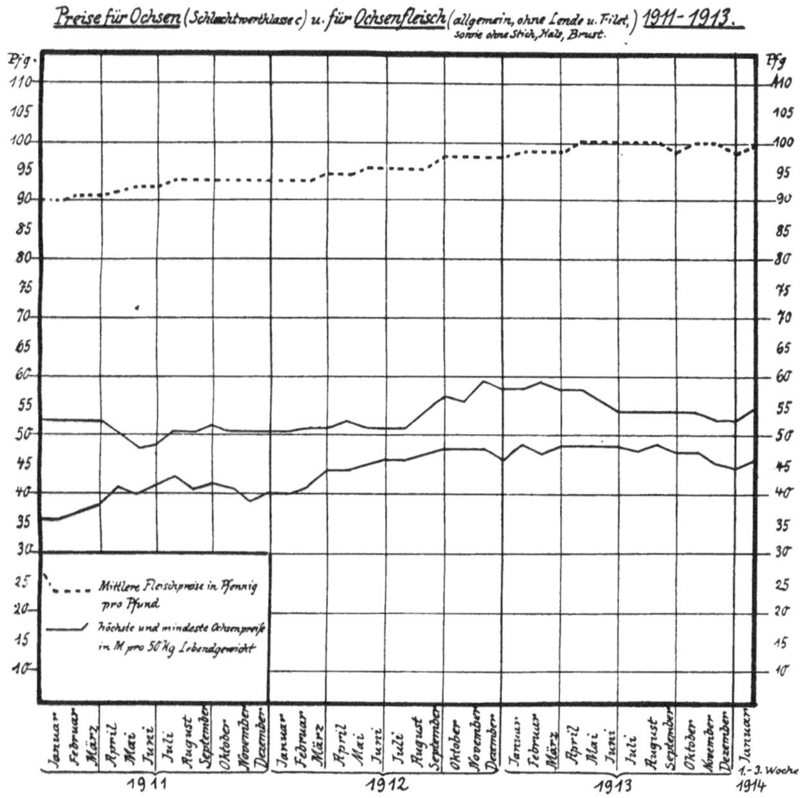

Für Kälber und Schweine ist wegen der Notierung nach Schlachtgewicht in der vorstehenden Tabelle 19 die Differenz zwischen beiden Preisen vom Jahre 1909 an angegeben. Diese Tabelle gestattet es, die Entwicklung der Viehpreise im Verhältnis zur Entwicklung der Fleischpreise im allgemeinen zutreffend zu verfolgen. Zu dem Zwecke sind in ihr die monatlichen Schwankungen der Viehpreise, unter Ausscheidung der für den Münchener Verbrauch hauptsächlich in Betracht kommenden Schlachtwertklassen, und der entsprechenden Fleischpreise nachgewiesen Um die tabellarischen Zahlenangaben noch wirksamer zu veranschaulichen, sind ihnen verschiedene graphische Darstellungen beigefügt, welche auf S. 68—72 abgedruckt sind.

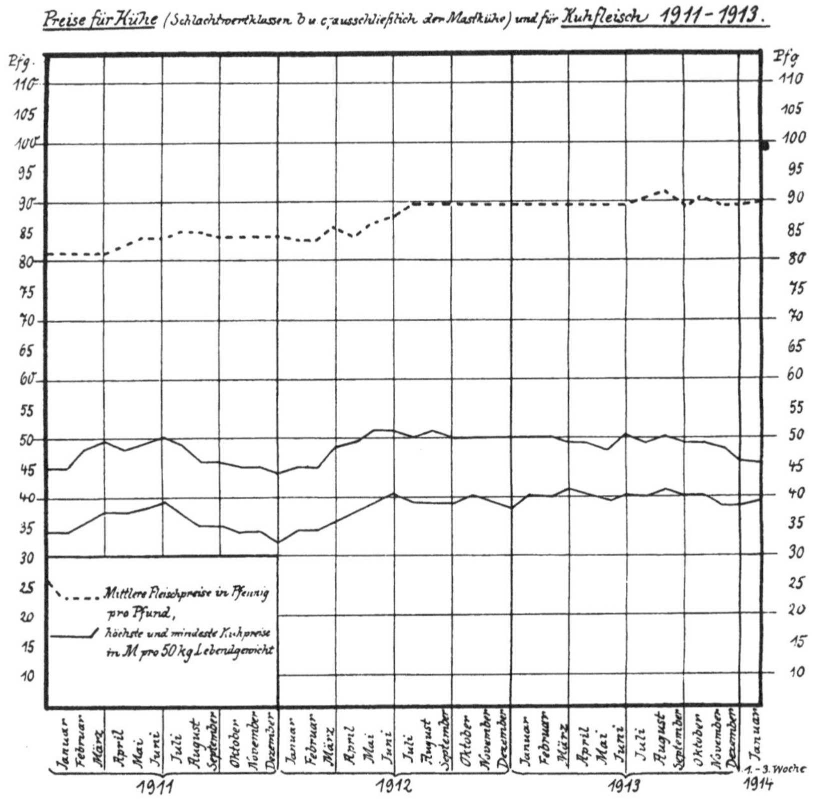

Die Tabelle wie die graphischen Darstellungen zeigen deutlich, daß die Viehpreise seit Mitte oder bereits Frühjahr des Jahres 1913 — um nur dieses Jahr besonders zu erwähnen —, besonders aber in den letzten Monaten, bedeutend rascher gefallen sind, als die Fleischpreise. Bei einzelnen Sorten, wie z. B. bei Ochsenfleisch, gingen die Preise trotz der erheblichen Minderung der Viehpreise überhaupt kaum zurück.

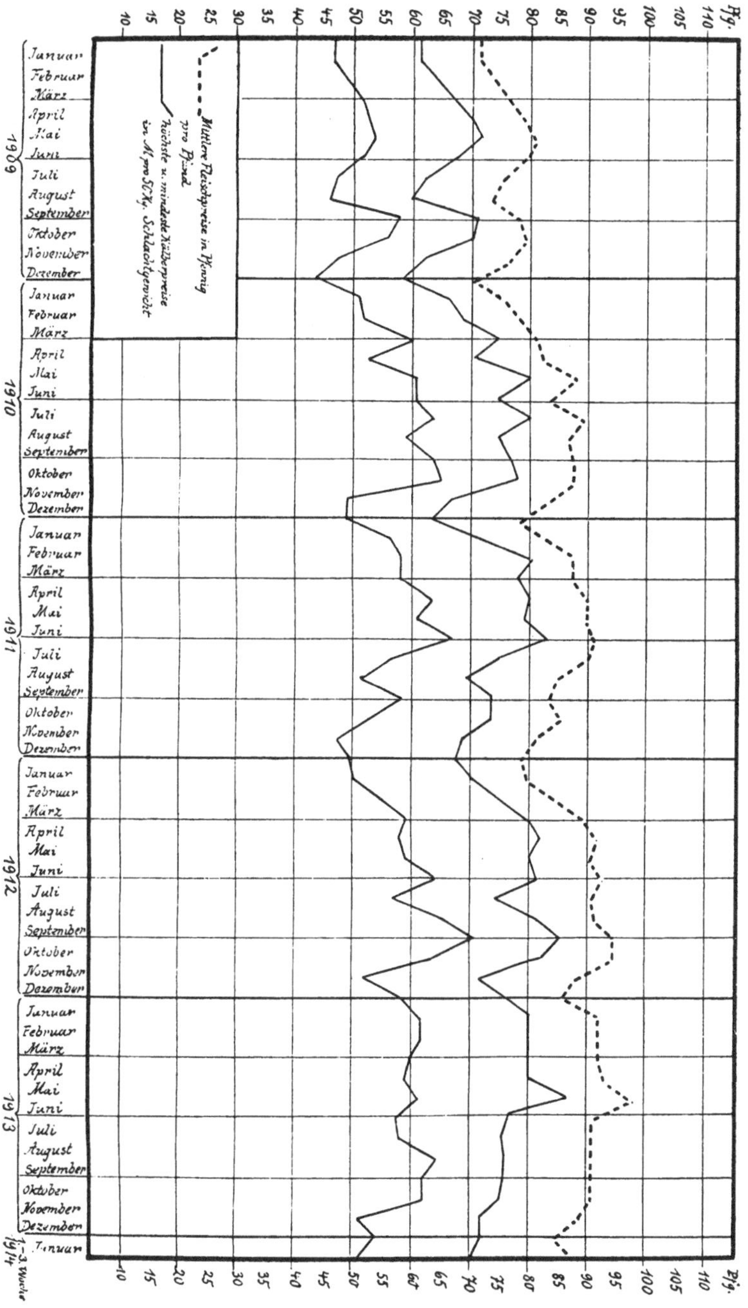

Preis für Kälber (Schlachtwertklassen a–c) und für Kalbfleisch 1909–1913.

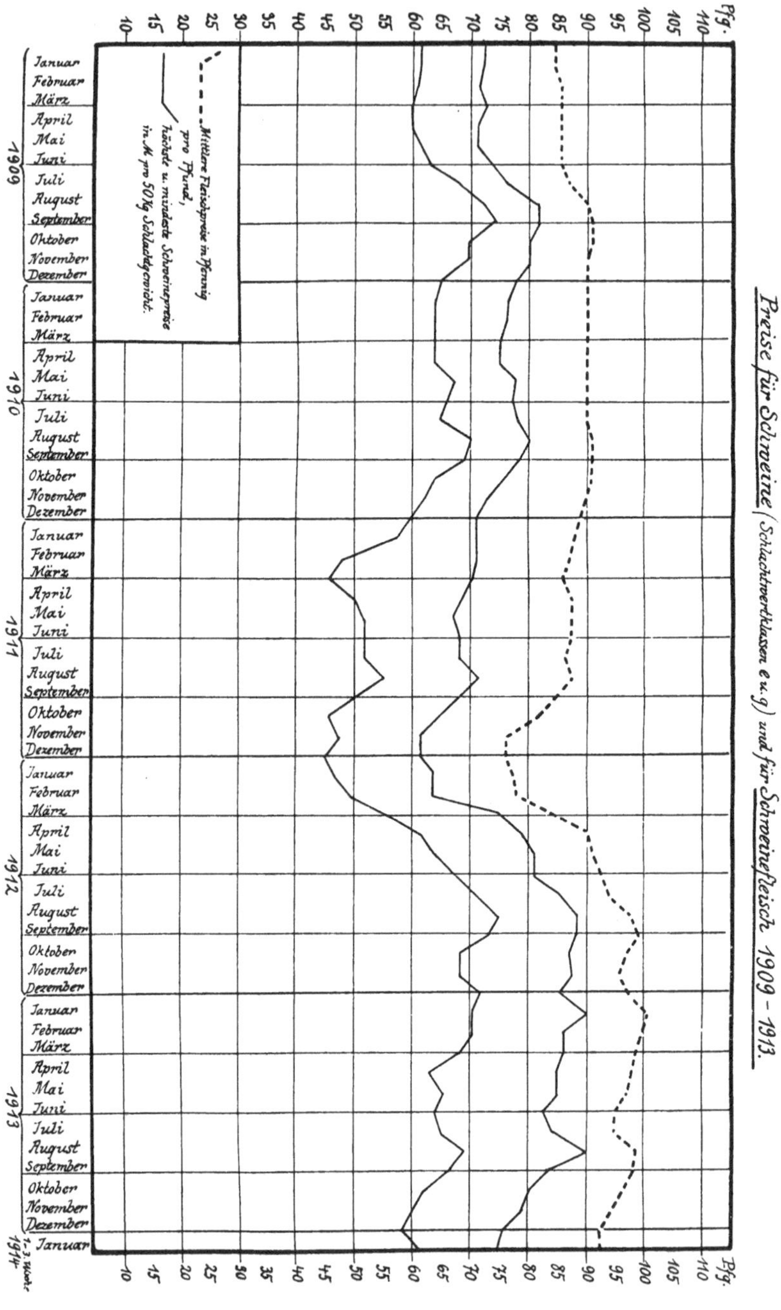
Preise für Schweine (Schlachtwertklassen c u. g) und für Schweinefleisch 1909 - 1913.
Mittlere Fleischpreise in Pfennig pro Pfund,
höchste u. mindeste Schweinepreise in M pro 50 Kg Schlachtgewicht.
Pfg.
1909
1910
1911
1912
1913
1914 1.-3. Woche
Januar
Februar
März
April
Mai
Juni
Juli
August
September
Oktober
November
Dezember

Zweiter Teil.

1. Die Organisation des Münchener Fleischmarkts.

a) Der Zwischenhandel.

Wie in allen größeren deutschen Städten spielt der Zwischenhandel auch auf dem Münchener Schlachtviehmarkte eine sehr bedeutsame Rolle. Nach Attinger[1] lassen sich als Zwischenglieder zwischen Produzent und Metzger folgende Kategorien von Händlern unterscheiden:

1. Händler, welche sich nur mit dem Verkaufe ihrer eigenen Tiere befassen und den kommissionsweisen Verkauf nicht oder nur selten betreiben;

2. Verkaufsvermittler und Händler. Diese übernehmen in der Hauptsache den Verkauf von Tieren für fremde Rechnung. Der Handel besteht im Kauf von Tieren außerhalb des Viehhofs und bildet einen erheblichen Teil der Zufuhr zum Markte;

3. die Verkaufsvermittler, welche ausschließlich den kommissionsweisen Verkauf von Tieren übernehmen;

4. die sogenannten Platzhändler, welche auf dem Münchener Markte beim nächsten Markte wieder verkaufen;

5. die Geschäftsstelle für Schlachtviehverkauf des Bayrischen Landwirtschaftsrats, die den direkten Verkehr der Landwirte mit den Metzgern vermittelt.

Über die Tätigkeit dieser Zwischenhändler sind einige kurze Angaben geboten[2].

Der eigentliche Viehhändler bereist die Ortschaften der näheren und weiteren Umgebung, um das schlachtreife Vieh beim Produzenten aufzukaufen oder er bedient sich, was meistens der Fall ist, zu diesem Zwecke einer größeren oder kleineren Anzahl in seinen Diensten stehender „Aufkäufer". Der Kauf erfolgt auf sofortige Abnahme, auf Abruf oder

---

[1] A. a. O. S. 736.

[2] Die nachstehende Darstellung stützt sich zum Teil auf Mitteilungen, die dem Verfasser von dem Vorstand des Marktbureaus am städt. Schlacht- und Viehhof H. Lechner entgegenkommenderweise zur Verfügung gestellt worden sind.

Einstellung. Beim Kauf auf Abruf bleibt das gekaufte Vieh solange beim bisherigen Eigentümer, bis der Händler seine Verbringung zu einem Sammelplatze veranlaßt, von wo es mit den übrigen Aufkäufen per Bahn oder auf der Landstraße nach dem Viehhof transportiert wird. Am Münchener Viehhof bestanden im Jahre 1912 41 (1907 : 56) Handelsfirmen für inländisches und 8 (8) für ausländisches Großvieh, 15 (10) Firmen für Schweine und 11 (11) für Schafe; Kälberhändler waren nicht vorhanden. Der Weiterverkauf von seiten des Händlers geschieht unmittelbar an den Metzger oder an den Verkaufsvermittler (Kommissionär).

Mit der Entwicklung des Verkehrs auf dem Münchener Viehhof hat die Bedeutung des kommissionsweisen Verkaufs ständig zugenommen, so daß der Verkaufsvermittler gegenwärtig eine wichtigere Rolle als der Viehhändler spielt. Das beruht nicht zum wenigsten auf der Gewährung von Kredit, den er dem Händler wie dem Metzger in weitgehendem Maße zur Verfügung stellt. Nach ortspolizeilicher Vorschrift vom 28. Februar 1899 / 4. Juni 1907 sind zur Verkaufsvermittlung von Schlachtvieh nur vom Magistrat legitimierte Personen dem Bedürfnis entsprechend zugelassen, denen der Einkauf auf eigene Rechnung auf dem Münchener Markte verboten ist. Zwecks Einhaltung dieser letzteren Vorschrift ist die Ausfertigung von Verkaufsrapporten und die Führung von Geschäftsbüchern vorgeschrieben. Dem Eingreifen des Magistrats, der die Beseitigung der im Zwischenhandel vorhandenen Auswüchse anstrebte, gingen schwere Kämpfe voraus und selbst nach erfolgter Einführung der ortspolizeilichen Vorschrift verweigerte ein Teil der Kommissionäre die Vorlage der Geschäftsbücher. Außerdem ließen sie sich ins Handelsregister eintragen, um die Berechtigung, als selbständige Kaufleute für eigene Rechnung Viehhandel zu treiben, zu erwirken. Diese doppelte Tätigkeit steht auch heute noch der Mehrzahl von ihnen zu.

Das Vermittlungsgeschäft der Kommissionäre („Praxer") vollzieht sich nach Maßgabe der bestehenden Vorschriften folgendermaßen[1]: „Den Praxern werden durch die Viehbesitzer die Viehstücke per Bahn übermittelt und sie verkaufen dann auf dem Viehmarkte, wie jeder andere Kommissionär, das Vieh auf Rechnung des Viehbesitzers im eigenen Namen, infolgedessen natürlich der Abnehmer zumeist den Namen des Vorbesitzers gar nicht kennt. Die Zahlung der Viehpreise wird an den Viehkommissionär geleistet, der seinerseits den Kaufpreis dem Viehbesitzer sofort nach dem Abschluß des Geschäftes zu zahlen hat, ohne Rücksicht darauf, ob und

[1] Creuzbauer a. a. O., S. 132.

wann er solchen von dem Abnehmer erhält. Die Viehkommissionäre tragen also das ganze finanzielle Risiko. Für diese Leistungen, wozu also gehört der Transport des Viehs von der Bahn zum Viehmarkte, Sorge für dasselbe bis zum Verkauf, Verkaufsvermittlung, Einkassierung des Kaufpreises und Haftung für solchen, sowie Sorge für das nichtverkaufte Vieh, erhält der Viehkommissionär eine von vornherein bestimmte und grundsätzlich von dem Verkaufserlös unabhängige Provision, welche sein Auftraggeber, der Viehbesitzer, zu zahlen hat."

Der Zwischenhandel als solcher hat sich der außerordentlichen Entwicklung auf dem Münchener Schlachtviehmarkt angepaßt und seine Notwendigkeit steht außer Zweifel. Dem stehen aber gewisse Schattenseiten gegenüber. Vor allem die Tatsache, daß der Kommissionär Geldgeber und Bankier für den Metzger wird und ihn sich dadurch finanziell verpflichtet[1]. Eine förmliche Ringbildung ist im Münchener Viehhof nicht vorhanden, wenn auch nicht zu bestreiten ist, daß bei passender Gelegenheit Preisverabredungen stattfinden können[2]. Das dürfte gelegentlich durch die verwandtschaftlichen Beziehungen der Kommissionäre begünstigt werden. „Das Geschäft der Verkaufsvermittler geht durch Gewohnheit und Übung meist vom Vater auf den Sohn über. Namentlich die Kommissionäre auf dem Kleinviehmarkt bilden gewissermaßen eine große Familie unter sich, da meist mehrere Söhne neben dem Vater selbständig ein Kommissions- bzw. Handelsgeschäft betreiben und auch untereinander in engster verwandtschaftlicher Beziehung stehen" (Lechner). Andererseits ist die Verabredung einer höheren Provision als der üblichen und von vornherein festgesetzten, die — vom Verkaufserlös unabhängig — vom Viehbesitzer an den Verkaufsvermittler zu entrichten ist, keineswegs ausgeschlossen. Die normalerweise zu zahlende Provision beträgt pro Stück gegenwärtig 3—4 Mk. bei Großvieh und 50 Pf. bis 1 Mk. bei Kleinvieh. Creuzbauer[3] weist ferner darauf hin, daß die gleichzeitige Tätigkeit als Vermittler und Händler die Möglichkeit bietet, das Verbot zu umgehen, wonach das auf dem Markte verkaufte Vieh im Wege des Platzhandels an demselben Markttage nicht weiter verkauft werden darf[4].

---

[1] Oberbürgermeister von Borscht, Fleischenquete 1912/13. Verhandlungen der Gesamtkommission und Zusammenstellung der Sachverständigen-Gutachten S. 24.

[2] Eßlen a. a. O., S. 158.

[3] A. a. O. S. 134.

[4] Creuzbauer führt das folgendermaßen aus: „Nach dem Wortlaut der Marktordnung dürfen Händler und Verkaufsvermittler jederzeit, Viehkäufer aber erst

Bemerkenswert ist, daß in der Markthalle für Großvieh ein Teil der Händler den Verkauf selbst besorgt und sich der Kommissionäre nur zur Versorgung des Viehs vor dem Markte, zur Beihilfe während des Verkaufes und zum Inkasso der Guthaben bedient. Im Jahre 1912 waren am Großviehmarkte für Inlandvieh 23 (1907 : 25) und für Auslandvieh 7 (7), am Markt für Kälber 28 (28) und für Schweine 20 (18) Verkaufsvermittler tätig.

Weitere Mittelspersonen zwischen Produzent und Metzger sind die Platzhändler, die aus den Marktbeständen Kälber und Schweine aufkaufen und sie geschlachtet in ganzen Stücken demnächst wieder zu Markte bringen, um sie an Metzger, Wirte usw. zu verkaufen. Sie stellen also eine Art Engros-Schlächter dar, indem sie alle mit der Schlachtung zusammenhängenden Arbeiten ihren Kunden abnehmen. Ihre Tätigkeit entspricht einem vorhandenen Bedürfnis, was schon daraus hervorgeht, daß im Jahre 1912 12 647 Kälber und 64 375 Schweine geschlachtet von ihnen zu Markte gebracht wurden[1]. Als legitimierte Platzhändler

---

zu Beginn des um 10½ Uhr anfangenden Markts die Verkaufsräume betreten. Nun haben aber Verkaufsvermittler zuvor schon bei ihren ständigen Abnehmern den ungefähren Bedarf durch Umfrage ermittelt und wissen demzufolge, wieviele Stücke Vieh sie voraussichtlich verkaufen können, und da sie infolge der Erlaubnis, den Markt vor seiner Eröffnung besuchen zu dürfen, auch den Zutrieb kennen, so kaufen sie je nach Umständen von den anderen Händlern zur Deckung ihres eigenen Bedarfes die letzten Tiere schon vorher weg. Der andere Händler, der die Kundschaft und ihren Bedarf nicht kennt, ist seinerseits froh, seine Ware so rasch loszubringen, er hat also keine Veranlassung, den Praxer wegen Übertretung der Marktvorschriften zur Anzeige zu bringen, und wird später der Praxer von den Kontrollorganen befragt, wann er das Vieh, das er nach der Eröffnung des offiziellen Markts anbietet, gekauft habe, so kann er, ohne zu lügen, sagen, er habe es nicht auf dem heutigen Markte gekauft, und er habe also das Verbot nicht übertreten, denn er hat es ja vor, d. h. vor Beginn des Markts gekauft. Aber noch eine andere Methode haben die Praxer zur Verfügung, um sich neben ihrer Provision ein besonderes Einkommen zu verschaffen, indem sie nämlich aus ihrem Vorrat vor Eröffnung des offiziellen Markts für diejenigen ihrer Kunden, an denen ihnen viel gelegen ist, besonders schöne Tiere zurückstellen. Auch diese Methode ist zwar verboten, damit die zu Beginn des Markts anwesenden Kaufliebhaber freie Auswahl unter der gesamten Marktware haben, und behufs besserer Durchführung des Verbots wird vor Beginn des Markts der Zutrieb in den einzelnen Tiergattungen auf Tafeln an den Toren des Schlachthofs ausgeschrieben. Da aber fast jeder den Markt besuchende Metzger in die Lage kommen kann, von der Umgehung des Verbotes zu profitieren, so läßt es sich auch jeder gefallen. Zudem kann ja der Praxer durch die Höhe des geforderten Preises jeden ihm nicht genehmen Käufer abschrecken."

[1] In obigen Ziffern sind allerdings jene Tiere einbegriffen, welche die Kommissionäre und Händler als unverkaufte Bestände geschlachtet und dann gleichfalls

waren im Jahre 1912 für Kälber 4 (1905 : 6) und für Schweine 10 (14) Personen zugelassen. Ihre Zahl ist zwar gegen früher zurückgegangen, nicht aber die Bedeutung des gesamten Platzhandels. Denn dieser besitzt „gegenüber dem Handel mit lebenden Tieren für Verkäufer und Käufer den Vorteil einer rascheren und glatten Geschäftsabwicklung; er erleichtert weniger kundigen Käufern die Beurteilung der Qualität, überhebt die Käufer der Mühe für das Schlachten der Tiere, teilweise auch der Sorge für die Verwertung der namentlich im Sommer überflüssigen Eingeweide und entbindet sie des Risikos etwaiger Beanstandungen bei der Beschau"[1].

Eine weitere Form des Fleischhandels ist der Verschleiß des zur Wurstfabrikation bestimmten frischen Fleisches, d. h. der Verkauf von Stieren (auch Jungrindern und mageren Kühen) und Speckschweinen (nur in Vierteln und Halben), sowie der Verkauf von frischen Eingeweiden im Schlachthof (Lebern, Milzen, Herzen usw. von Rindern, dann Schweinsgeschlinge), der nur von besonders dazu legitimierten Personen erfolgen darf.

Zur Vermeidung des Zwischenhandels ist endlich im Jahre 1897 die Geschäftsstelle für Schlachtviehverkauf des Bayrischen Landwirtschaftsrats im Münchener Viehhof geschaffen worden, die, 1906 auf eine verbesserte Grundlage gestellt, allmählich zu größerer Bedeutung gelangte. Ihre Hauptbedeutung liegt gegenwärtig auf dem Kälbermarkt, wo im Durchschnitt der Jahre 1897/1901 0,06 %, 1902/06 6,6 % und 1907/11 19,7 % (1912 : 25,6 %) des Gesamtauftriebs auf die Geschäftsstelle entfielen. Aber auch bei Großvieh (1912 : 3,3 %) und Schweinen (3,2 %) ist ein wachsender Einfluß unverkennbar. Die Hoffnung, daß die Geschäftsstelle verbilligend auf die Viehpreise, zumal die Kälberpreise wirken würde, hat sich allerdings kaum erfüllt[2]. Namentlich in

wieder zu Markt gebracht haben. Gegenüber dem Platzhandel fällt das aber weniger ins Gewicht.

[1] Verhandlungen des Münchener Magistrats vom 28. Oktober 1913. Münchener Gemeindezeitung 1913, S. 1388.

[2] Vgl. Würz in den Verhandlungen der „Fleischenquete" S. 72: Die landwirtschaftlichen Viehverwertungsstellen seien bei der Konkurrenz mit den Händlern sowohl beim Produzenten als auch beim Verkauf an den Fleischer nicht in der Lage, eine Verbilligung des Viehs herbeizuführen. Siehe auch ferner die Ausführungen der Direktion des Münchener Schlacht- und Viehhofs in Nummer 2 der „Münchener Neuesten Nachrichten" vom 2. Januar 1914, worin es heißt: „Es ist leider Tatsache, daß die sich als Konkurrenten gegenüberstehenden freien Kommissionäre einerseits und die Landwirtschaftliche Verkaufsstelle andererseits, die 25 % des Auftriebs liefert, die Preise nicht verbilligen, sondern fortgesetzt dadurch steigern, daß sie im Interesse ihrer Lieferanten möglichst hohe Preise erzielen müssen — direkt um-

Tabelle 20.

Die Viehtarife der deutschen

Kilometer	Ladungssätze für Tiere aller Art in gewöhnlichen (ein- oder mehrbödigen) Wagen mit						
	14	15	16	17	18	21	anderer Ladefläche pro Quadratmeter
	Quadratmeter Ladefläche						
	Mark						
50	18,90	20,30	21,60	23,00	24,30	28,40	1,35
100	35,00	37,50	40,00	42,50	45,00	52,50	2,50
150	51,10	54,80	58,40	62,10	65,70	76,70	3,65
200	67,20	72,00	76,80	81,60	86,40	100,80	4,80
250	83,30	89,30	95,20	101,20	107,10	125,00	5,95
300	99,40	106,50	113,60	120,70	127,80	149,10	7,10
400	131,60	141,00	150,40	159,80	169,20	197,40	9,40
500	163,80	175,50	187,20	198,90	210,60	245,70	11,70

Zeiten anormaler Fleischversorgung ist bisher wenig davon zu spüren gewesen [1].

Die bisherigen Ausführungen bedürfen einer Ergänzung durch die Schilderung der Preisbildung. Grundlage der Viehpreise bzw. der Großhandelspreise für Fleisch sind die an den Viehproduzenten zu zahlenden Stallpreise. Über ihre Höhe fehlt es bisher an einwandfreien Feststellungen. Bis das Vieh in den Viehhof und dort zur Weiterveräußerung gelangt, fallen folgende Unkosten und Spesen auf den Stallpreis an:

1. die Transportkosten,
2. die Kosten für die Begleitung des Viehs,
3. Einfuhrzölle bei Einfuhr vom Auslande nebst den zugehörigen Beschaugebühren,
4. die Versicherungsprämien für Transportversicherung,
5. die Versicherungsprämien für Gewährsfehler,
6. die Gewichtsminderungen des Viehs beim Transport,
7. die Marktunkosten,

gekehrt wie beim freien Handel, der nur durch möglichst billige und gute Ware konkurrieren kann. Der Leitung der Landwirtschaftlichen Verkaufsstelle darf man wohl insofern Gerechtigkeit widerfahren lassen, als sie ausgleichend zu wirken bestrebt ist — allein, es ist ihr dies solange nur unvollkommen möglich, als sie sich der Kommissionäre bedient, die selbst eigene Kälber auf dem Markte haben und infolgedessen an den Preisen persönlich interessiert sind."

[1] Man vergleiche hierzu auch den Jahresbericht des Bayr. Landwirtschaftsrats für 1911.

Tabelle 20.

Eisenbahnverwaltungen.

Stücksätze				Mindestfracht bei Verwendung eines eigenen Wagens	Begleiterfahrgeld pro Person
Stiere und Ochsen	Rinder und Kühe	Schweine über 75 kg	Kleinvieh unter 75 kg		
Mark				Mark	Mark
3,45	2,70	0,75	0,60	9,00	1,00
6,90	5,40	1,50	1,20	18,00	2,00
10,35	8,10	2,25	1,80	27,00	3,00
13,80	10,80	3,00	2,40	36,00	4,00
17,25	13,50	3,75	3,00	45,00	5,00
20,70	16,20	4,50	3,60	54,00	6,00
27,60	21,60	6,00	4,80	72,00	8,00
34,50	27,00	7,50	6,00	90,00	10,00

8. die Provisionen für Kommissionäre,
9. die sonstigen kleineren Unkosten.

Der Marktpreis für das Vieh kommt zustande, wenn der Händler auf seine bisherigen Aufwendungen den Gewinnaufschlag hinzurechnet. Von besonderer Wichtigkeit für sein Zustandekommen sind zunächst die Eisenbahn-Transportkosten, über deren Höhe Übersicht 20 Aufschluß gibt.

In der Regel entfallen auf einen Wagen mit einer Ladefläche von 15 qm 10—12 Stiere und Ochsen oder 12—15 Kühe und Rinder. Die aus dem Algäu abgefertigten sogenannten Kälberzüge mit Wagen von ca. 21 qm Ladefläche fassen 60—70 Kälber; in Etagenwagen transportierte Schweine gehen 100—150 auf einen Wagen. Nach Lechner berechnet sich unter Zugrundelegung einer Transportstrecke von 100 km der Frachtsatz für je

1 Stück Großvieh auf 3,75 Mk.
1 Kalb " 0,75 "
1 Schwein " 0,50 "

Dazu kommen die Kosten für die Begleitung des Viehs (2 Pf. pro Kilometer), die Futterkosten während des Transports (0,50—0,70 Mk. pro Stück Großvieh) und der Entgelt für Hilfsleistungen beim Um- und Ausladen (0,20—0,40 Mk.).

Die Einfuhr von ausländischem Vieh, insbesondere österreichischen Ochsen, bedingt die Erlegung nicht unbeträchtlicher Zollspesen, die ziffernmäßig im ersten Teil angeführt sind. Legt man der Zollberechnung für einen österreichischen Ochsen ein Lebendgewicht von 756 kg zugrunde, so ergibt sich für ihn ein Zollbetrag von 60,48 Mk. Ferner treten hinzu Beschaugebühren in Höhe von 0,75 Mk. für 1 Stück Rindvieh über 75 kg Gewicht bzw. von 0,30 Mk. für 1 Kalb bis 75 kg und Desinfektionsgebühren von 0,10 Mk. für 1 Stück Vieh bzw. von 1 Mk. für einen Wagen.

Gegen Transportschäden ist ein großer Teil des zu Markte kommenden Viehs versichert; die von der Geschäftsstelle des Bayrischen Landwirtschaftsrats erhobene Prämie beträgt für 1 Stück Großvieh bis 100 kg 0,50 Mk., darüber hinaus 1 Mk. Mit der Versicherung gegen Gewährsfehler (Tuberkulose, Finnen usw.) befassen sich neben der genannten Geschäftsstelle die Perleberger und die Schweriner Viehversicherung, die an Gebühren für 1 Ochsen 8 Mk., für 1 Kuh 10 Mk. und für 1 Schwein 30—50 Pf. berechnen. Weiterhin ist des Gewichtsverlusts zu gedenken, den das Vieh während des Transports erleidet und den der Händler mit in seinen Veräußerungspreis hineinzukalkulieren hat.

Auch für Benützung des Viehhofs sind feste Gebühren zu erlegen, die für Großvieh 20 Pf., für Kälber und Schweine 5 Pf., für Schafe und Ziegen 3 Pf., sowie für Lämmer 1 Pf. ausmachen. Dazu kommen Einstellgebühren (für Großvieh 20 Pf., für Kleinvieh 5 Pf., Schafe 2 Pf. und Lämmer 1 Pf.) und der Ersatz der tarifmäßig festgelegten Futterkosten. Höher sind die eigentlichen Marktgebühren einschließlich der Pflasterzollgebühren; sie betragen für

	Großvieh Mk.	Kälber u. Schweine Mk.	Schafe Mk.	Lämmer usw. Mk.
Marktgebühr .	1,20	0,35	0,15	0,05
Pflasterzoll . .	0,20	0,10	0,03	0,01

Mit den Auslade- und Umladegebühren (Großvieh 40 Pf., Kälber 20 Pf. und Schweine 25 Pf.), den Auslagen für Stricke, Schürzen, Trinkgelder usw. sind sodann die kleineren Aufwendungen beendet.

Auf den Kommissionär treffen normalerweise an Provision beim Verkauf von Großvieh jeweils 3—4 Mk., von Kleinvieh 0,50—1 Mk.

Es bedarf eines besonderen Hinweises auf die Tätigkeit der „Einkäufer", die in vielen Fällen recht verteuernd auf die Viehpreise wirken[1]. Vielfach wenig tierkundig, erwerben sie für ihren Auftraggeber häufig unreifes Vieh, zumal Kälber[2] und Schweine, um eine möglichst hohe

[1] Attinger a. a. O., S. 739.

[2] Die zu frühe Abgabe der Kälber geschieht allerdings von seiten der Landwirte oft auch im Interesse ihrer Milchwirtschaft, wie in anderem Zusammenhange

Provision (für Schweine 1,00 bis 1,50 Mk. pro Stück) zu erzielen. Nach Ansicht der Händler und Kommissionäre ist auch die Abhaltung von drei Schlachtviehmärkten in der Woche von Einfluß auf die Steigerung der Viehpreise, weshalb die Auflassung des Montagsmarkts von ihnen angeregt wird. Die genannten Interessenten gehen dabei von der Erwägung aus, daß auf diese Weise mehr Zeit für den persönlichen Einkauf gewonnen wird, dessen Kosten sich infolge des geringeren Bedarfs an Hilfskräften verringern dürften. Außerdem würde die Viehzufuhr stärker werden, da die Möglichkeit gegeben sei, von den Montagsmärkten anderer deutscher Städte Vieh zu den Münchener Dienstagsmärkten zu bringen, an denen dann auch mehr Händler als gegenwärtig teilnehmen könnten. Endlich ließen sich die Viehställe usw. gründlicher als zurzeit desinfizieren, wodurch dem Ausbruch von Seuchen besser als bisher vorgebeugt werde.

Der Verkaufsgewinn des Händlers läßt sich begreiflicherweise nur schätzen, zumal er von den verschiedensten Umständen, dem mehr oder weniger vorteilhaften Einkauf beim Produzenten, der Stärke von Angebot und Nachfrage auf dem Markte, dem Auftreten von Viehseuchen und der damit verbundenen Viehhofsperre u. a. m. abhängig ist. Lechner bemißt ihn bei Großvieh im Durchschnitt auf etwa 10 Mk., bei Kleinvieh auf etwa 2—3 Mk. pro Stück. Unter Berücksichtigung aller anfallenden Gebühren und Spesen stellt Lechner über die Verteuerung eines Ochsen durch Transport, Zwischenhandel und Markt folgende Berechnung auf:

		Auf 50 kg Lebendgewicht treffen
	Mk.	Mk.
1 Ochse mit 802 kg Stallgewicht kostet . .	802,00	50,00
Transportkosten 339 km	12,00	0,75
Begleiter	8,40	0,52
Futterkosten	3,00	0,19
zum Übertrag	825,40	51,46

ausgeführt ist. Über das Alter der Kälber zur Zeit ihrer Schlachtung in München machte Oberbürgermeister von Borscht gelegentlich der Fleischenquete (S. 24) folgende Angaben: „Tatsache ist, daß in unserer Stadt das Alter, in dem die Kälber zur Schlachtung gebracht werden, im Durchschnitt 3, 4 Wochen beträgt, daß weitaus die meiste Zahl von Kälbern in einem Alter von weniger als 14 Tagen zur Schlachtung gebracht wird. Wäre es möglich, dieses Alter der Schlachtreife sukzessive auf 6 Wochen zu steigern, so würde allein in München damit ein Mehrangebot von 72000 Zentnern pro Jahr zu erzielen sein (1910 = 32 % des gesamten Kalbfleischverbrauchs = 6 kg pro Kopf und Jahr)."

	Mk.	Auf 50 kg Lebendgewicht treffen Mk.
Übertrag	825,40	51,46
Versicherungsprämien	10,00	0,62
Gewichtsverlust 6,1 % 46 kg à 100 Pf. .	46,00	3,04
Zoll	60,48	4,00
Sonstige Zollspesen	0,85	0,06
Marktunkosten	2,10	0,14
Provisionen	6,00	0,40
Sonstige Unkosten	5,00	0,33
Gewinn	10,00	0,66
Zusammen	965,83	60,71

Daß diese Rechnung nur eine ganz allgemeine Vorstellung von den tatsächlichen Preisbewegungen geben kann, bedarf eigentlich kaum einer Erwähnung.

b) Das Metzgergewerbe.

Es gibt wenige Gewerbe, die einer so verschiedenartigen Beurteilung ausgesetzt sind, wie das Fleischergewerbe. In den Zeiten hoher Fleischpreise wird von der öffentlichen Meinung alle Schuld für die Verteuerung des Fleisches den Metzgern aufgebürdet, die sich ihrerseits dagegen verwahren und den erhöhten Viehpreisen bzw. dem Zwischenhandel und der Landwirtschaft die alleinige Verantwortung beimessen. Aus den für einen längeren Zeitraum zurückverfolgten Spannungen zwischen Vieh- und Fleischpreisen läßt sich nun zwar ein gewisses Urteil über die Verteuerung des Fleisches durch die Metzger bilden, aber dieses ist doch weit davon entfernt, als schlüssig zu gelten. Überdies wird ein Vergleich mit früher infolge der neuerlichen Notierung der Viehpreise nach Lebendgewicht auf das äußerste erschwert. Auch auf anderem Wege ist diese Frage für München gegenwärtig kaum zu lösen. Rentabilitätsberechnungen über das Metzgergewerbe liegen zurzeit nicht vor und die früher angestellten[1] sind in Anbetracht der veränderten Zeitläufte als ziemlich veraltet anzusehen, abgesehen davon, daß es kaum angängig erscheint, aus Einzelberechnungen auf einen entsprechenden Geschäftsprofit im ganzen Gewerbe zu schließen.

---

[1] Von Creuzbauer sind solche vor 12 Jahren durchgeführt worden; vgl. a. a. O. S. 92 ff.

Bevor in eine Erörterung aller damit im Zusammenhang stehenden Fragen eingetreten wird, bedarf es einer Übersicht über den Umfang des Metzgergewerbes in München. Die von früher überkommene Organisation des Gewerbes besteht heute noch und ist durch die derzeitige Reichsgesetzgebung vielleicht noch stärker zusammengeschlossen worden, als es vor einigen Jahrzehnten der Fall war. Man unterscheidet daher:

1. Die Innung der Alt- und Jungmetzger, zu der sämtliche Groß- und Kleinviehschlächter gehören. Es fallen darunter
   a) die Bankmetzger, die in der „Großen Bank" auf dem Viktualienmarkt ihre Verkaufsstände haben. Bankmetzger kann zwar grundsätzlich jedes Innungsmitglied werden, das bei Versteigerung der städtischen Verkaufsstände den Zuschlag erhält. In Wirklichkeit sind allerdings die Stände durchgehends im Besitz derselben alteingesessenen Metzgerfamilien. Die Bankmetzger tauschen ihre Stände miteinander alljährlich zu Anfang März aus;
   b) die Altmetzger, welche — gleichgültig, ob ihr Stand innerhalb oder außerhalb der „Großen Bank" liegt — alle Fleischer umfassen, die ausschließlich erstklassiges Ochsenfleisch verkaufen bzw. verkaufen dürfen;
   c) die Jungmetzger, die, soweit sie sich in der „Großen Bank" befinden, nur erstklassiges Jungvieh veräußern dürfen. In den übrigen Teilen der Stadt verkaufen die Jungmetzger auch Altvieh und sind überdies nicht auf erstklassige Qualitäten beschränkt.
2. Die Schweinemetzger-Innung, wozu hauptsächlich die Charkutiers gehören, von denen eine Anzahl auch Fleisch verkaufen.
3. Die Kuttlerinnung. Sie umfaßt sämtliche Kuttler, die von den Bank-Alt- und Jungmetzgern Kutteln und Eingeweide beziehen, soweit solche nicht zur Wurstbereitung an die Charkutiers oder unmittelbar an die Kundschaft abgesetzt werden, wie es bei Kutteln von Schweinen bzw. von Kälbern der Fall ist.
4. Die Freibankmetzger, welche als selbständige Metzger allerdings nicht gelten können.

Über die Zahl der Münchener Metzger unterrichten zunächst die Ergebnisse der gewerblichen Betriebszählungen[1] (siehe Tabelle S. 84, 85).

[1] Betriebe, die sich mit dem Handel von Fleisch und Fleischwaren befassen, waren 1907 201 vorhanden, von denen 81 Alleinbetriebe und 120 Gehilfenbetriebe waren. Die Zahl der in ihnen beschäftigten Personen betrug 340. Das Gewerbe

Tabelle 21.

Das Münchener Metzgergewerbe

Gewerbearten	1907 Haupt-betriebe	1907 Allein-betriebe	Gehilfenbetriebe mit 1–5 Personen	Gehilfenbetriebe mit 6–10 Personen	Gehilfenbetriebe mit 11–50 Personen	Gehilfenbetriebe mit über 50 Personen	1907 beschäftigte Personen	1895 Haupt-betriebe	1895 Allein-betriebe
XIII b									
1. Fleischerei .	1006	140	784	65	15	2	3157	773 (1. und 2. zusammen)	105
2. Pferdeschlächterei .	19	—	—	—	—	—	46		

Die Vermehrung der Metzgereibetriebe besagt insofern wenig, als seit Anfang der 90er Jahre eine Anzahl von benachbarten Gemeinden in den Münchener Burgfrieden einbezogen wurden, wodurch naturgemäß viele Fleischer zu dem alten Bestande hinzukamen. Wichtiger ist, daß auch heute noch die Münchener Metzgereibetriebe hauptsächlich als Kleinbetriebe (bis zu fünf Personen), in zweiter Reihe als Mittelbetriebe (6—50 Personen) geführt werden; 1907 wurden zum ersten Male zwei Großbetriebe mit je über 50 beschäftigten Personen gezählt. Es trafen im Jahre 1882 auf einen Metzgereibetrieb 485 Einwohner, während für 1895 und 1907 die entsprechenden Ziffern 517 und 538 lauten. Man kann daher nicht sagen, daß die Münchener Fleischereibetriebe in stärkerem Maße als die Bevölkerung zugenommen haben. Eher ist das Gegenteil der Fall, obschon die Zahl der auf einen Betrieb entfallenden Personen auch heute noch ziemlich niedrig ist. Allerdings ist zu berücksichtigen, daß sich unter den obigen Betriebsinhabern eine Anzahl von selbständigen Metzgern wie Lohnschlächter usw. befinden, die ein eigenes Ladengeschäft nicht besitzen [1].

Nach Würz [2] hatte die Innung der Alt- und Jungmetzger im

ist ganz überwiegend Kleingewerbe, da nur vereinzelt Betriebe mit mehr als 5 Personen vorkommen. Handelsbetriebe, welche außer Fleisch und Fleischwaren noch andere Lebensmittel führen, sind in den obigen Ziffern nicht nachgewiesen.

[1] Nach einer Aufstellung der Schlacht- und Viehhofdirektion verkehrten im Schlacht- und Viehhof 1898 zirka 600 Metzgermeister, zirka 85 Schweinemetzger, zirka 20 Schafschlächter, zirka 20 Pferdeschlächter, zirka 48 Kuttler und zirka 100 Lohnschlächter.

[2] Die Viehnot und Fleischteuerung im Deutschen Reiche und Vorschläge zu deren Abhilfe. München 1910. S. 19.

Tabelle 21.

1882, 1895 und 1907.

1895					1882						
Gehilfenbetriebe mit				beschäftigte Personen	Haupt-betriebe	Allein-betriebe	Gehilfenbetriebe mit				beschäftigte Personen
1—5	6—10	11—50	über 50				1—5	6—10	11—50	über 50	
Personen							Personen				
} 595	56	17	—	2565	495	111	349	30	5	—	1410

Jahre 1900 482 und 1909 743 Mitglieder „die sich im Verlauf dieser Jahre in keinen erheblich größeren Geschäftsumsatz zu teilen hatten". Wie der Genannte weiter ausführt, mußten in den ersten Monaten des Jahres 1910 35 Innungsmitglieder ihre Geschäfte schließen. Daß deren Gesamtzahl seither nicht zugenommen hat, geht daraus hervor, daß die Erhebung der Fleischpreise in den sämtlichen Metzgerläden der Stadt zu Anfang 1914, die an anderer Stelle bereits behandelt ist, 783 Geschäfte betraf; in dieser Zahl sind die Schweinemetzger zudem noch inbegriffen.

Wer den Gründen nachgeht, die auf die Steigerung der Fleischpreise eingewirkt haben und noch einwirken, sieht mit einem gewissen Erstaunen, daß Faktoren, welche die Metzger als preisermäßigend bezeichnen, von anderer Seite gerade mit der Verteuerung des Fleisches in Zusammenhang gebracht werden und umgekehrt. Beide Anschauungen stehen sich oft ziemlich unvermittelt gegenüber, und es ist für den Unbeteiligten schwer, im Einzelfalle die Richtigkeit der einen oder anderen Ansicht festzustellen. Im ganzen wird man sich allerdings auf den Standpunkt von Neumann stellen, der bei Gelegenheit der „Fleischenquete" (S. 387) ausführte: „Man kann wohl sagen, daß die Fleischer überall da, wo es sich um eine konsumfähige Bevölkerung handelt, den Viehpreisen gefolgt sind und auch ihre Unkosten, die im Laufe der Zeit ja entschieden gestiegen sind, durch den Fleischpreis wieder eingebracht haben." Für München geht das im allgemeinen aus der Entwicklung der Spannungen zwischen Vieh- und Fleischpreisen hervor.

Damit soll dem Fleischergewerbe durchaus nicht in verallgemeinernder Weise der Vorwurf ungerechtfertigter Preissteigerungen gemacht werden, wenn solche auch nicht immer von der Hand zu weisen sind. An sich ist seine wirtschaftliche Lage im Laufe der Jahre zweifellos schwieriger geworden. Einmal trifft die Verteuerung des gesamten Lebensaufwands den Metzgermeister gerade so wie jeden anderen Konsumenten und veranlaßt ihn, die Fleischpreise zu erhöhen, andererseits wirken auch gewisse, für das Gewerbe besonders in Betracht kommende Gesichtspunkte preissteigernd. In sanitärer Hinsicht werden an das Metzgergewerbe gegenwärtig andere Ansprüche gestellt wie früher, und die Läden in den Geschäfts- und wohlhabenden Wohnvierteln bedürfen heutzutage einer besseren Ausstattung. Dadurch, daß in Warenhäusern, Delikateßhandlungen usw. weit mehr als früher rohe und geräucherte Fleischwaren veräußert werden, verringert sich der Umsatz in den Metzgereien, was durch Preiserhöhungen teilweise wieder auszugleichen ist.

Häufigen Kontroversen begegnet der Umstand, ob das Vorhandensein einer großen Anzahl von Kleinmetzgereien von preiserhöhendem Einfluß ist, eine Frage, die für München, wo Großmetzgereien kaum bestehen, stark ins Gewicht fällt. Der Feststellung, daß ein Kleinbetrieb des geringen Umsatzes wegen höhere Fleischpreise fordere, wird der Einwand entgegengehalten, daß solche Betriebe wegen der Tätigkeit von Familienangehörigen niedrige Spesen hätten, die bei Großschlächtereien verhältnismäßig bedeutend höher wären. Weiterhin sei zu berücksichtigen, daß eine große Anzahl kleiner Metzgereien sich gegenseitige Konkurrenz mache und dadurch Preisermäßigungen herbeiführe oder doch wenigstens Steigerungen hintanhalte. Hier wird immerhin zu beachten sein, daß, wie A t t i n g e r in der Fleischenquete (S. 111) ausgesprochen hat, die straffe Organisation der Innungen diese Konkurrenz großenteils ausschalten kann [1]. Der relativ höhere Kostenanfall für Personalerfordernis bei den größeren Schlächtereien läßt sich übrigens durch den verbilligenden Engrosbezug, die zweckmäßigere Verwertung der einzelnen Fleischsorten u. a. m. wieder ausgleichen.

Den in den letzten Jahren eingetretenen preissteigernden Momenten stehen auch verbilligende Faktoren gegenüber, namentlich eine systematischere V e r w e r t u n g d e r N e b e n p r o d u k t e. Es ist in der Enquete auf das bestimmteste ausgesprochen worden, daß die seitens der Metzgerschaft erfolgten Begründungen von Genossenschaften für Verwertung der Häute und Felle, der Klauen und Hufe, des Talgs usw. auf die Erhöhung der

[1] Als Beweis für die in München bestehende Konkurrenz der Metzger wurde in der „Enquete" (S. 108) ausgeführt, es sei bisher nicht möglich gewesen, die Rabattmarkenabgabe von 5 % aufzuheben, was seit Jahren angestrebt werde.

Fleischpreise hemmend eingewirkt haben. „Man habe die Einnahmen aus dieser Quelle zur Schaffung eines Ausgleichs in den Fleischpreisen benutzt“. Die Tatsache ferner, daß Spezialgeschäfte, wie in München die Schweinemetzgereien, nur eine bestimmte Gattung Vieh schlachten, kann insofern von Einfluß sein, als dadurch ein Preisregulator für die gemischten Betriebe („Enquete“ S. 385) gebildet wird. Diese gehen z. B. mit dem Preis für Schweinefleisch nicht herunter, obwohl er im Hinblick auf die Schweinepreise herabgesetzt werden könnte, weil ihnen die für andere Fleischgattungen erzielten Preise unzulänglich erscheinen.

Von Bedeutung für die Entwicklung der Fleischpreise ist endlich die auch in München nicht seltene Kreditinanspruchnahme der Metzger bei den Kommissionären und Händlern. Ihren Einfluß auf die Fleischpreise ziffernmäßig zu bestimmen, erscheint freilich unmöglich, abgesehen davon, daß die Grenze zwischen dem wirtschaftlich notwendigen Produktionskredit, wie ihn andere Gewerbe in gleicher Weise benötigen, und übermäßiger Verschuldung für den Außenstehenden nicht zu erkennen ist. Ferner ergeben sich für das Metzgergewerbe, das seiner Kundschaft die Fleischlieferungen oft längere Zeit stunden muß[1], zeitweise nicht unbeträchtliche Ausfälle aus dieser Kreditgewährung und zwar sollen solche bei großen Abnehmern wie Wirten usw. häufiger als bei der Privatkundschaft vorkommen. Daß die Privatkundschaft im Falle von Anschreibung und gleichzeitiger Überbringung der Fleischbezüge in die Wohnung etwas höhere Preise als die im Laden gegen bar einkaufende Kundschaft entrichten muß, ist nicht für unbillig zu erachten, solange sich der Preisunterschied in mäßigen Grenzen hält.

Um die finanzielle Abhängigkeit des Viehkäufers vom Verkäufer möglichst zu beseitigen und letzteren in den sofortigen Besitz des Gegenwerts für veräußertes Vieh zu setzen, wurde in München am 2. Januar 1903 eine Viehmarktkasse von einem Verein ins Leben gerufen,

---

[1] „Darüber war man ja allseitig einig, daß mit der Tatsache der Kreditgewährung in sehr weitgehendem und, wie es dem Laien vielleicht scheinen will, in übermäßig hohem Maße gerechnet werden muß und täglich gerechnet wird. Es wurde aber insbesondere auch festgestellt, daß die Kreditgewährung speziell beim Fleischer überwiegend aus denjenigen Kreisen des Publikums in Anspruch genommen werde, von denen man annehmen dürfe, daß sie am wenigsten genötigt seien, einen Kredit in Anspruch zu nehmen. Während der kleine Mann im allgemeinen bar zahle, sei es dem Fleischer bei den größeren Kunden kaum möglich, eine Bezahlung zu erreichen: im Gegenteil, die größeren Kunden seien in diesem Punkte sogar ziemlich empfindlich und geneigt, den Schlächter zu wechseln, wenn etwa eine Einschränkung der Kreditentnahme von ihnen gefordert würde.“ Körte, „Fleischenquete“ S. 365.

der sich aus Münchener Metzgern, Charkutiers und Wirten zusammensetzte. Statutengemäß können dem Verein als Mitglieder auch alle auf dem Viehmarkt verkehrenden Viehhändler und Kommissionäre angehören. Die von der Bayerischen Hypotheken- und Wechselbank geführte Viehmarktkasse vermittelt alle Zahlungen über 10 Mk., die der Käufer von Schlacht- und anderem Vieh an den Verkäufer zu leisten hat. Jedes Mitglied ist verpflichtet, sich für seine Zahlungen der Vermittlung der Kasse zu bedienen, widrigenfalls er die dem Verein entzogene Provision voll zu bezahlen und für jeden Einzelfall eine Konventionalstrafe bis zu 100 Mk. zu entrichten hat. Die der Bank für ihre Tätigkeit zustehende Provision trägt der Verkäufer; sie beziffert sich bis 33 Mk. einschl. auf 5 Pf., bis 66 Mk. einschl. auf 10 Pf. und darüber auf 15 Pf. Am Ende jeden Jahres wird den Mitgliedern des Vereins eine Bonifikation nach der Höhe des erzielten Umsatzes gewährt. So wichtige Dienste in wirtschaftlicher Hinsicht die Viehmarktkasse leistet [1], so vermag sie als Vermittlungsstelle eine Entschuldung der den Viehhändlern und Kommissionären verpflichteten Metzger doch nur bis zu einem gewissen Grade herbeizuführen. Die „schweren Fälle" bleiben von ihr im allgemeinen unberührt. Eine den Metzgern in ausgedehnterem Maße, als es von der Kasse der Bayerischen Hypotheken- und Wechselbank geschieht, Kredit gewährende Viehmarktsbank könnte den Verhältnissen wahrscheinlich besser gerecht werden.

Für die großen Fleischlieferungen an die städtischen Krankenanstalten wird der Münchener Stadtverwaltung ein Rabatt von den beteiligten Metzgern gewährt, der sich 1912 auf 20 % bei Ochsenfleisch und 15 % bei Kalbfleisch und 1913 auf 15 bzw. 12 % bezifferte. Die Lieferungen wurden bis vor kurzem in beschränkter Submission vergeben, wobei die Metzgermeister der „Großen Bank" herkömmlicherweise besonders bedacht waren. Für die Preisberechnung war der jeweils höchste Durchschnittspreis der „Großen Bank" maßgebend, der sich aber regelmäßig erheblich höher stellte als der Durchschnittspreis der Stadt, da „die Bankmetzger durch Ringbildung den laufenden Bankpreis soweit als möglich hinaufschraubten, damit sie den bei Übernahme der Lieferung zugestandenen Rabatt wieder möglichst hereinbringen konnten [2]". Neuerdings ist an die Stelle der engeren eine allgemeine öffentliche Ver-

[1] Der mit 68 Mitgliedern gegründete Verein zählt gegenwärtig fast 1000 Mitglieder mit einer Auszahlungssumme von fast 48 Millionen Mark; der Wert des gesamten Viehauftriebs am Münchener Markt betrug demgegenüber 1913 etwa 90 Millionen Mark.

[2] Plenarsitzung des Münchener Magistrats vom 8. Januar 1914.

gebung der Fleischlieferungen getreten und bei Festsetzung des Rabattes wird der für die ganze Stadt ermittelte Höchstpreis zugrunde gelegt. Das Rabattsystem wurde beibehalten, weil es im Hinblick auf die ziemlich umfangreichen Lieferungen, die den einzelnen Metzgermeistern zufallen, und die sichere Barzahlung bei jedem Monatsschluß als durchaus gerechtfertigt erachtet werden muß und weil es bei der langfristigen Vergebung nur dadurch möglich ist, den Schwankungen des Markts zu folgen[1]. Das Submissionswesen für Militärlieferungen ist von Creuzbauer[2] einer eingehenden Kritik unterzogen worden; dieser weist nicht zu Unrecht darauf hin, daß die der Militärverwaltung von den Metzgern zugestandenen Vergünstigungen letzten Endes wenigstens teilweise von den privaten Käufern getragen werden, die entsprechend höhere Preise zahlen müssen.

Ein für München charakteristischer Ortsgebrauch beim Fleischverkauf ist die Verabfolgung von Suppenausschnitten, die hauptsächlich aus Milz- und Leberstückchen bestehen, an die Kundschaft zu sehr billigen

[1] Auf die am 12. Dezember 1913 erfolgte öffentliche Ausschreibung gingen eine große Anzahl von Gesuchen von Münchener Metzgermeistern ein, von denen 54 die Lieferung von Ochsenfleisch, 29 von Kalbfleisch und 29 von Schweinefleisch erbaten unter Zusicherung der genauen Erfüllung der gestellten Lieferungsbedingungen (Lieferung des besten Fleisches von erstklassigem Schlachtvieh). Die Rabatte auf den Höchstdurchschnittspreis ergaben bei Ochsenfleisch eine Spannung von 10—30 %, bei Kalbfleisch eine solche von 5—25 % und bei Schweinefleisch von 5—30 %. Das Ergebnis war, daß die Fleischlieferung für die städt. Krankenhäuser, das Sanatorium Harlaching und das Giselakinderspital insgesamt an 21 Metzgermeister vergeben wurde, wobei gegenüber den bisher gewährten Rabattsätzen von 15 % für Mastochsen- und 12 % für Kalbfleisch erheblich höhere Rabattsätze erzielt werden konnten, indem die höchsten Rabattsätze 25 Pf. für Ochsenfleisch, 23 Pf. für Kalbfleisch und 20 Pf. für Schweinefleisch, die niedersten Rabattsätze dagegen 20 Pf. für Ochsenfleisch, 13 Pf. für Kalbfleisch und 13 Pf. für Schweinefleisch sind. Die gesamte Fleischlieferung an die städtischen Krankenanstalten betrug im Jahre 1911 5613 Zentner, 1912 5510 Zentner und 1913 5189 Zentner. Die Gesamtausgaben für Fleischlieferung betrugen:

1911	459 704 Mk.
1912	464 842 „
1913	468 662 „

Im Jahre 1912 betrug die Gesamtsumme der Abgebote (Rabatte zu 20 und 15 %) 95 212 Mk., im Jahre 1913 (bei 15 bzw. 12 % Rabatt) 69 107 Mk. Im Dezember 1913 kam das Mastochsenfleisch bei 15 % Rabatt auf 99 Pf. per Pfund und das Kalbfleisch bei 15 % auf 80 Pf.; würden die pro 1914 erzielten Rabattsätze der Fleischlieferung im Dezember 1913 beispielsweise beim Krankenhaus München rechts der Isar zugrunde gelegt, so würde das Pfund Ochsenfleisch bloß auf 88 Pf., das Pfund Kalbfleisch auf 75 Pf. zu stehen gekommen sein. Münchener Gemeindezeitung 1914, S. 27.

[2] A. a. O. S. 82 ff.

Preisen. An den Ausschnitten dürften die Metzger kaum etwas verdienen, häufig sogar zusetzen, namentlich wenn sie dieselben hinzukaufen müssen. Allerdings können sie sich dafür an der Bemessung der Knochen-Zuwagen mehr oder weniger schadlos halten. Diese sind zwar ortsstatutarisch auf 1/5 des Fleischgewichts beschränkt, dafür finden aber die im Fleisch eingewachsenen Knochen bei der Zuwage durchgehends keine Berücksichtigung.

In diesem Zusammenhange ist ferner des Fleischbezugs der Wirte zu gedenken. Der Münchener Wirt kauft Kälber und Schweine, Hammel, Kitze und Spanferkel meist persönlich auf dem Viehhof ein, und zwar steht er in dauernder Geschäftsverbindung mit einigen Kommissionären, die ihm gute Ware grundsätzlich reservieren, wodurch das allgemeine Angebot auf dem Markt immerhin beeinträchtigt wird. In dem Bestreben, erstklassige Qualität zu erhalten, legt mancher Wirt recht hohe Preise (Überpreise, die amtlich nicht bekannt werden) an; die gekauften Tiere werden vom Lohnschlächter, dem als Entgelt die Gedärme zufallen, geschlachtet und vom „Kälberfahrer" gegen eine Gebühr von 60 Pf. für ein Kalb, Schwein oder Hammel bzw. von 35 Pf. für ein Kitz oder Spanferkel in das Geschäftslokal des Wirts befördert. Vom Standpunkt des Konsumenten ist dieses Verfahren als nicht unbedenklich anzusehen, da durch das Zurückstellen und die von den Wirten gezahlten Überpreise das gesamte Preisniveau der in Betracht kommenden Tiergattungen in die Höhe gesetzt wird. Es kann auch insofern zum Mißbrauch führen, als die Zahlung von Überpreisen seitens des Wirts den Kommissionär bzw. den Händler nötigt, viel in dessen Lokal zu verkehren und namentlich bei Gelegenheit des „Jahresschoppens" usw. große Zechen zu machen sowie Trinkgelder an das Wirtspersonal zu spenden [1], wodurch der Wirt „einigermaßen wieder auf seine Kosten kommt". Andererseits gewähren die Metzger ständigen Kunden aus dem Gastwirtsgewerbe, insbesondere den Inhabern größerer Restaurants und Hotels, auf das von ihnen gelieferte Ochsenfleisch namhafte Rabatte, wozu Creuzbauer (S. 83) folgendes anführt: „Die Metzger, welche an Hotels usw. Fleisch liefern, schlachten zumeist nicht soviele Ochsen, daß sie in der Lage wären, den ganzen Bedarf der betreffenden Hotels an Lende, Filet sowie an den sonstigen feinen Fleischsorten auszuhauen. Um deshalb der Nachfrage zu genügen, müssen die Metzger, welche solche Lieferungen haben, von

[1] Darauf bezieht sich die in München geläufige Bezeichnung „Champagnerkälber". Vgl. auch Creuzbauer a. a. O., S. 82.

ihren Kollegen, namentlich den Vorstadtmetzgern, die keinen Absatz hierfür haben, die entsprechenden feinen Fleischsorten dazu kaufen, und sie kaufen dieses Fleisch ohne Knochen zu dem bestimmten Tagespreis, verkaufen es aber mit Zuwage, so daß, wenn sie bei ihren Kollegen etwa 70 Pf. pro Pfund bezahlen und sie später 1/5 Zuwage dazu geben dürfen unter Berücksichtigung des Preises der Knochen, ein Gewinn von etwa 10 Pf. pro Pfund für sie übrig bleibt." Der Erhalt der Zuwage ist den Wirten deshalb erwünscht, weil sie einen großen Bedarf an Suppenknochen haben, die sie auch sonst vielfach aufkaufen.

An die bisherigen allgemeinen Ausführungen ist eine Erörterung über die Entstehung des Kleinhandelspreises für Fleisch anzuschließen. Ehe das Fleisch zur Veräußerung an die Konsumenten gelangt, fallen auf den Gestehungspreis für das erworbene Schlachtvieh folgende Unkosten usw. an:

1. die Schlachtungsunkosten,
2. „ Geschäftsspesen,
3. der Geschäftsgewinn.

In ähnlicher Weise setzt sich der Großhandelspreis für Fleisch zusammen, der aus folgenden Einzelfaktoren besteht:

1. aus dem Marktpreis,
2. „ den Gebühren auf dem Schlachthofe,
3. „ dem Entgelt für den Lohnschlächter,
4. „ den Marktunkosten (Marktgebühren ohne Pflasterzoll, Futter- und Einstellgebühren pro Stück und einmalige Fütterung 25 Pf.),
5. aus dem Unternehmergewinn, der nach Lechner auf 3 Mk. im Durchschnitt zu veranschlagen ist.

Der Fleisch-Großhandelspreis stellt sich als der für die Veräußerungen der Platzhändler maßgebende Preis dar. Es braucht darauf nicht weiter eingegangen zu werden.

In erster Reihe beruht der Kleinhandelspreis für Fleisch auf dem Preise, der „sich auf Grund der Berechnung des Verhältnisses vom Schlachtgewicht zum Lebendgewicht aus dem Marktpreis nach Abzug aller Einnahmen aus den Nebenprodukten ergibt" (Lechner). Dazu kommen die Schlachtungsunkosten, welche aus den städtischen Schlachtgebühren und aus dem Entgelt für die Lohnschlächter bestehen. Erstere werden in folgender Höhe erhoben:

Art der Gebühren	Ochsen	Bullen u. Kühe	Rinder	Kälber	Schweine	Schafe u. Ziegen	Spanferkel	Lämmer u. Kitze	Pferde	Hunde
	Mk.	Mk.	Mk.	Mk.	Mk.	Mk.	Mk.	Mk.	Mk.	Mk.
Schlachthofbenutzungsgebühren einschl. Brühgebühren	5,40	3,80	3,65	0,80	0,95	0,50	0,25	0,15	3,00	0,50
Beschau-(Untersuchungs-)gebühren	0,10	0,10	0,10	0,05	0,05	0,05	—	—	1,00	—
Trichinenschaugebühren .	—	—	—	—	0,45	—	—	—	—	—
Versicherungsgebühren .	2,00	2,00	2,00	0,10	0,15	—	—	—	—	—
Zusammen	7,50	5,90	5,75	0,95	1,60	0,55	0,25	0,15	4,00	0,50

Die Versicherungsgebühren fließen der städtischen Schlachtviehentschädigungskasse zu, welche für die infolge von Beanstandungen bei der Schlachtung eintretenden Ausfälle aufzukommen hat [1].

Dem Lohnschlächter werden für das Ausschlachten von einem Stück Großvieh 1,50 Mk., von einem Kalb 0,50 Mk. und von einem Schwein 1,00 Mk. vergütet.

Über die Geschäftsspesen der Münchener Metzger und den von ihnen erzielten Geschäftsgewinn lassen sich allgemein zutreffende Angaben nicht machen. Wie bemerkt sind die seinerzeit von Creuzbauer angestellten Rentabilitätsberechnungen, die an sich überhaupt nicht verallgemeinert werden dürfen, gegenwärtig veraltet, während

[1] Über die Notwendigkeit, Beiträge in der angeführten Höhe zu erheben, gibt der Verwaltungsbericht des städtischen Schlacht- und Viehhofs für 1912 folgenden Aufschluß: „Die Schlachtviehentschädigungskasse hatte auch im Jahre 1912 große Schwierigkeiten zu überwinden, um den hohen an sie gestellten Anforderungen gerecht werden zu können.

Nachdem ein aus den Trichinenschaugebühren gegebener Vorschuß von 10 000 Mk. bereits im Jahre 1911 wieder aufgezehrt worden war und sich die Erhöhung des Beitrages für Großvieh um 15 Pf. (1. Januar 1911) und um 45 Pf. (1. November 1911) als völlig ungenügend erwiesen hatte, mußten diese Beiträge ab 1. Juli 1912 um weitere 40 Pf., also auf 2 Mk. pro Stück Großvieh erhöht werden, wenn überhaupt an eine Sanierung der Kassenverhältnisse gedacht werden wollte.

Da der Ausfall ausschließlich das Großvieh betraf, während sich bei den Kälbern und Schweinen meist kleine Jahresüberschüsse und nur selten geringere Verluste in den einzelnen Monaten ergaben, mußte die vermehrte Beitragsleistung billigerweise auch auf das Großvieh beschränkt bleiben, um so mehr, als die Gebühr von 2 Mk. für das Stück immer noch als mäßig anzusehen ist. Mit Rücksicht darauf, daß auch die zu entschädigenden Eingeweide im Preise stiegen, erschien eine Abminderung der Entschädigungsleistungen nicht angängig, so daß nur eine Erhöhung der Beiträge erübrigte."

Probeausschlachtungen wie 1911 in Nürnberg[1] bisher in München nicht stattgefunden haben. Aus ihnen lassen sich ebenfalls keine allgemeinen Schlüsse ziehen. Die Darstellung beschränkt sich daher auf eine im Jahre 1912 von der Direktion des Schlacht- und Viehhofs bei Gelegenheit der — städtischerseits in die Wege geleiteten — Einfuhr von Rindern bzw. Rindfleisch aus Holland und Dänemark gemachte Berechnung, derzufolge die beteiligten Metzger das von ihnen übernommene Fleisch nur zu amtlich festgesetzten Preisen veräußern durften. In dieser Berechnung wurden die auf ein Pfund Fleisch entfallenden Geschäftsspesen der Metzger mit 8 Pf. und der zulässige Geschäftsgewinn mit 4 Pf. veranschlagt:

Tiergattung: Ochse.

Preis in Mk. für 50 kg Lebendgewicht: 59 Mk.

Lebendgewicht 640 kg, Warmgewicht 367 kg, Gutgewicht 4 kg, Schlachtgewicht 363 kg.

Verhältnis vom Schlachtgewicht zum Lebendgewicht: 57,72 %.

Hieraus Einkaufspreis für 50 kg Schlachtgewicht: 102 Mk.

Belastung auf 1 Pfd. Schlachtgewicht durch Schlachthofgebühren 1,03 Pf., durch Lohnschlächter 0,21 Pf.

Einkaufspreis für 50 kg Schlachtgewicht einschließlich Belastungen 103,24 Mk.

Erlös aus Nebenprodukten:

Haut 37 kg à 1,08 Mk.	39,96 Mk.
Unschlitt 48 1/2 kg à 0,72 Mk.	34,92 „
Ausschnitt (Herz, Leber, Milz, Kopf, Nieren, Euter)	25,00 „
Inneres (Zunge, Magen, Darm, Füße, Lunge) . .	11,00 „
Zusammen	110,88 Mk.

Hiervon treffen auf 1 Pfd. Schlachtgewicht 15,27 Mk.

Einkaufspreis einschließlich Belastung (Gestehungspreis)	87,97 Mk.
Hierzu 8 Pf. Spesen und 4 Pf. Gewinn pro Pfd. . .	12,00 „
Zusammen	99,97 Mk.

Ladenpreis pro Pfd. 1 Mk.

Demgemäß würde sich der für den Ochsen erzielte Metzgergewinn auf 29 Mk. etwa belaufen. Lechner beziffert den durchschnittlichen Gewinn des Metzgers für einen geschlachteten Ochsen auf 20—35 Mk., für ein

[1] Eßlen a. a. O., S. 281 ff.

Kalb und ein Schwein je auf 3,50 Mk. Wenn man die mannigfachen Momente berücksichtigt, die auf die Geschäftsführung des Metzgers und die ihm erwachsenden Spesen von Einfluß sind, und zwar heute mehr als früher, so wird man begreiflicherweise all diese Zahlenangaben nur mit einem entsprechenden Vorbehalt verwenden.

2. Die Bedeutung der städtischen Schlacht- und Viehhofgebühren für die Kleinhandelspreise für Fleisch.

In Zeiten hoher Fleischpreise mehren sich fast immer die Vorwürfe gegen die städtischen Schlacht- und Viehhöfe, indem von interessierter Seite die Behauptung aufgestellt wird, die von diesen erhobenen Gebühren trügen ganz besonders zur Verteuerung der Kleinhandelspreise für Fleisch bei. Wie ungerechtfertigt diese Auffassung ist, wurde namentlich von Silbergleit[1] hervorgehoben. Er berechnete unter anderem, daß in München im Jahre 1910 auf den Preis von ein Pfund Schlachtgewicht Schlachthofbenutzungsgebühren in folgender Höhe bei den verschiedenen Tiergattungen anfielen:

Ochsen	Stiere u. Bullen	Kühe	Jungrinder	Kälber	Schafe	Schweine
Pf.	Pf.	Pf.	Pf.	Pf.	Pf.	Pf.
0,77	1,35 (?)	0,83	1,52	0,80	1,14	0,95

Wenn man zweckmäßigerweise die übrigen Schlachthofgebühren, welche in noch höherem Maße den Gegenwert für bestimmte Leistungen darstellen, mitberücksichtigt und ebenso die Viehhofgebühren in die Berechnung einbezieht, so ergeben sich dennoch keine wesentlich höheren Belastungen auf den Preis von ein Pfund Fleisch. Lechner stellt darüber nachstehende Rechnung auf:

Gattung	Durchschnittl. Schlachtgewicht	Belastung von 1 Pfd. Fleisch durch Schlachthofgebühren	Belastung von 1 Pfd. Fleisch durch Viehhofgebühren	Zusammen
	kg	Pf.	Pf.	Pf.
Ochsen	363	1,033	0,192	1,23
Bullen	267	1,105	0,262	1,37
Kühe	248	1,190	0,282	1,47
Rinder	146	1,969	0,479	2,45
Kälber	44,5	1,067	0,501	1,57
Schweine . . .	47	1,702	0,479	2,18
Spanferkel . .	4	3,125	0,750	3,88
Lämmer u. Kitze	4	1,875	0,750	2,63
Pferde	240	0,833	—	0,83
Hunde	15	1,667	—	1,67
Schafe u. Ziegen	27	1,019	0,333	1,35

[1] A. a. O. S. 23 ff. und S. 70 ff. (Tabellenwerk).

Die Münchener städtischen Schlacht- und Viehhofgebühren vermögen somit den Kleinhandelspreis für Fleisch so gut wie gar nicht zu beeinflussen. Würden sie erheblich herabgesetzt, so könnte das den Konsumenten nichts nützen, dagegen würden die Steuerzahler die wachsenden gemeindlichen Zuschüsse an den Schlacht- und Viehhof in Gestalt erhöhter Umlagen spüren. Das sei an Hand einer von der Direktion des städtischen Schlacht- und Viehhofs aufgestellten Berechnung, die für einen interlokalen, von auswärts in die Wege geleiteten statistischen Vergleich bestimmt war, illustriert.

Nach Maßgabe von § 11 Abs. 2 des Preußischen Kommunalabgabengesetzes vom 14. Juli 1893 „dürfen für die Schlachthausbenutzung Gebühren bis zu einer solchen Höhe erhoben werden, daß durch ihr jährliches Aufkommen die Kosten der Unterhaltung der Anlage und des Betriebes sowie ein Betrag von 8 % des Anlagekapitals und der etwa gezahlten Entschädigungssumme gedeckt werden". Wendet man die preußischen Grundsätze, welche eine nichts weniger als unbillige Norm für die Finanzgebarung der Schlacht- und Viehhöfe darstellen, auf München an, so ergibt sich für das Jahr 1911 folgende Übersicht:

Gesamte Kosten der Unterhaltung der Anlage und des Betriebes des Münchener Schlachthofs	871 955,96 Mk.
8 % des Anlagekapitals von 6 564 364.58 Mk. betrugen	525 149,16 „
Die Einnahmen aus Gebühren usw. hätten daher betragen dürfen	1 397 105,12 „
In Wirklichkeit haben sie betragen	1 182 844,15 „
Gegenüber den Bestimmungen von § 11 Abs. 2 K.A.G. sind also zu wenig erhoben worden	214 260,97 „

Den tatsächlichen Einnahmen von	1 182 844,15 Mk.
standen an Ausgaben gegenüber	871 955,96 „
so daß sich ergibt ein Überschuß von	310 888,19 „
oder in % des obigen Anlagekapitals	4,735 %
das sind weniger als 8 %	3,265 %
Die tatsächlichen Aufwendungen für Verzinsung und Tilgung der für Schlachthofzwecke aufgenommenen Anleihen betrugen . .	4,610 %

Der nach Abzug der Aufwendungen für den Zinsen- und Tilgungsdienst verbleibende Überschuß des Münchener Schlachthofs bemißt sich auf 0,125 % des Anlagekapitals. Hierzu bedarf es allerdings des Vorbehalts, daß die Rücklagen in Erneuerungs- und Erweiterungsfonds in die „Kosten der Unterhaltung der Anlage und des Betriebes" eingerechnet sind, eine Einweisung, über deren Richtigkeit man geteilter Meinung sein kann. Das näher zu erörtern, liegt außerhalb des Rahmens dieser Untersuchung; ebenso erübrigt es sich, auf andere methodische Unzulänglichkeiten der vorstehenden Übersicht einzugehen. Zweck ihrer Darstellung ist, wie bemerkt, lediglich darzutun, daß eine Herabsetzung der Schlachthofgebühren [1] die Finanzgebarung der Stadtgemeinde München empfindlich beeinträchtigen würde, ohne daß damit den Fleischkonsumenten gedient wäre.

Der in München früher erhobene gemeindliche Fleischaufschlag kam nach den Bestimmungen des Zolltarifgesetzes vom 25. Dezember 1902 ab 1. April 1910 in Fortfall. Um den dadurch eintretenden Ausfall wieder einzubringen, wurden die Schlachtgebühren um den Betrag, der als Aufschlag für die einzelnen Viehgattungen bisher erhoben war, erhöht [2]. Daß der Fleischaufschlag keine verteuernde Wirkung auf die Kleinhandelspreise für Fleisch gehabt haben kann, geht mittelbar aus allen vorstehenden Ausführungen hervor.

3. Maßnahmen zur Bekämpfung der Fleischteuerung.

Obschon in den früheren Jahrzehnten wiederholt Erhöhungen der Fleischpreise eintraten, die von weiten Kreisen der Münchener Bevölkerung drückend empfunden wurden, so erfolgten dagegen doch bis vor kurzem keine weitergreifenden Maßnahmen von seiten der Stadtverwaltung. Die Preissteigerungen waren allerdings zum Teil vorübergehender Natur, so daß sich ein Eingreifen erübrigte; außerdem war ein solches nach Lage der Dinge, d. h. im Rahmen der geltenden Reichs- und Landesgesetzgebung, in Anbetracht des grundsätzlichen Standpunkts der Reichs- und Staatsregierung, nach dem Stande der Viehzucht im In- und Auslande usw. wenig erfolgverheißend. Insbesondere sah die Stadt von dem Vieh- oder Fleischbezug in eigener Regie und anschließender Veräußerung unmittelbar an die Konsumenten aus begreiflichen Gründen ab.

In nicht uninteressanter Weise beabsichtigte die Stadtverwaltung im Jahre 1904 einer weiteren Erhöhung der Schweinefleischpreise vorzubeugen. Nachdem verschiedene Forderungen wie die Schaffung von genossenschaftlichen Vereinigungen der Konsumenten, sowie von städtischerseits begünstigten

[1] Die Schlachtgebühren einschl. der Brühgebühren erbrachten im Jahre 1911 856471,75 Mk., die Beschaugebühren 199261,55 Mk.

[2] Verwaltungsbericht des städtischen Schlacht- und Viehhofs für 1910 S. 1: „Auf diese Weise wurde eine tatsächliche Erhöhung der Abgaben für Schlachtvieh vermieden und durch die nunmehr dem Schlachthofetat zufließenden und größtenteils zur Bildung eines Erneuerungsfonds verwendeten Mehreinnahmen der in den letzten Jahren schwer zu bilanzierende Etat für den Schlacht- und Viehhof auf eine solide Basis gestellt."

Konkurrenzunternehmungen der Fleischer, Errichtung gemeindlicher Fleischverkaufsstellen u. a. m. nicht verwirklicht wurden und wegen des bald hernach eintretenden Rückgangs der Schweinefleischpreise und wegen der Zunahme der freiwilligen Schlachtungen von gesunden Tieren zum Zwecke des Fleischverkaufs an der Freibank überhaupt nicht verwirklicht werden brauchten, schlug die Stadt einen anderen Weg ein, um sich für die Zukunft einen Einfluß auf die Preisbildung des Fleisches zu sichern. Und zwar sollte das durch einen Druck auf alle diejenigen Metzger geschehen, die in den von der Stadt gemieteten Verkaufsständen ihrem Gewerbe nachgingen [1]. Einen praktischen Erfolg hat dieses Vorgehen nicht gehabt; man wird auch gewisse Bedenken dagegen nicht unterdrücken können [1].

Auch im Jahre 1905 [2] wurden mehrfache Beratungen gepflogen, um der herrschenden allgemeinen Fleischteuerung abzuhelfen; u. a. fand im Königlichen Staatsministerium des Innern am 6. November eine Be-

[1] Verwaltungsbericht der Stadt München für 1904 S. 198: „Die Stadtgemeinde ist Eigentümerin der neuen Fleischverkaufshalle auf dem Viktualienmarkt, in welcher die sogenannten Bankmetzger 46 Verkaufsstände gemietet haben. In dieser Eigenschaft steht der Gemeinde das Recht zu, ihren Mietern gewisse Bedingungen aufzuerlegen. Davon sollte für den vorliegenden Fall Gebrauch gemacht werden. Es sollte die städtische Fleischverkaufshalle einer magistratischen Kontrolle dahin unterstellt werden, ob die von den einzelnen Standinhabern geforderten Fleischpreise im Einklange mit den Vieheinkaufspreisen stehen. Wäre letzteres nicht der Fall, worüber eine aus dem Magistrate zu bildende Kommission nach Anhörung der Beteiligten zu entscheiden hätte, so wäre dem Betreffenden hiervon mit der Aufforderung Kenntnis zu geben, die Fleischpreise sofort auf das von der Kommission festgesetzte Maß zu beschränken, widrigenfalls ihm der Verkaufsstand gekündigt würde, um diesen Stand an einen anderen Metzger zu vergeben, der sich zur Einhaltung der von der Kommission für angemessen erachteten Preise verpflichte. Um für solche Fälle eine baldige Räumung der Stände zu ermöglichen, müßte die seitherige halbjährliche Kündigungsfrist auf eine einmonatliche reduziert werden. Durch diese Maßnahme würde der Fleischverkauf in der städtischen Fleischhalle am Viktualienmarkt einen Preisregulator für die ganze Stadt bilden, welcher zu jedem Moment in Wirksamkeit gesetzt werden bzw. seine ausgleichende Tätigkeit entfalten könnte." In diesem Sinne faßte der Magistrat am 9. Februar 1904 Beschluß, während gleichzeitig an die Marktinspektion der Auftrag erging, „allwöchentlich ein detailliertes Verzeichnis der Fleischpreise, welche von den sogenannten Bankmetzgern, den Metzgern an der Außenseite der Fleischverkaufshalle, denjenigen in den städtischen Läden am Petersberg, in der Salvatormarkthalle, am Markt in Haidhausen und am Elisabethplatz notiert werden, der Schlacht- und Viehhof-Direktion mitzuteilen, an die wiederum der Auftrag erging, zu prüfen, ob die notierten Fleischpreise sich im Einklang mit den jeweiligen Vieheinkaufspreisen befinden." Die zur Behandlung dieser Dinge gebildete Kommission ist nie zusammengetreten.

[2] Städtischer Verwaltungsbericht für 1905 S. 79 ff.

sprechung statt, zu der alle Interessentengruppen Vertreter entsandt hatten, ohne daß es jedoch zu praktischen Maßnahmen kam. Das gleiche gilt von 1906[1] und den späteren Jahren bis 1911. Ein Eingreifen der Stadtverwaltung erfolgte 1912 zum ersten Male. Der außerordentlich ungünstig gewordene Stand der deutschen Fleischversorgung und die sich daraus ergebenden sehr hohen Vieh- und Fleischpreise veranlaßten in ganz Deutschland „Notstandsaktionen", die von staatlicher, kommunaler und privater Seite ausgingen. Was Bayern und München anlangt, so wurden nach Maßgabe der Ministerialentschließung vom 2. Oktober Erleichterungen zu Einfuhr von Fleisch und Vieh aus dem Auslande staatlicherseits gewährt. Zugelassen wurde

1. Für die Städte München, Landshut, Ludwigshafen, Regensburg, Bamberg, Nürnberg, Würzburg und Augsburg die Einfuhr von frischem Rindfleisch aus dem europäischen Rußland und von frischem Rind- und Schweinefleisch aus Serbien, Bulgarien und Rumänien im Wege besonderer Genehmigung, wenn das Fleisch zu einem unter behördlicher Mitwirkung festgesetzten, möglichst niedrigen Preise an die Verbraucher gelangt. Die Beförderung des Fleisches bis zum Bestimmungsorte muß in plombierten Wagen erfolgen.
2. Die Einfuhr von frischem Rindfleisch aus Belgien nach Bayern ohne besondere Genehmigung nach Aufhebung des seitens Preußens erlassenen Einfuhrverbots.

Ferner beschloß der Bundesrat am 10. Oktober 1912 für die Zeit bis zum 31. März 1914 mit der Wirkung vom 1. Oktober 1912 den Gemeinden, die frisches oder gefrorenes Fleisch für eigene Rechnung aus dem Auslande einführen und unter Einhaltung der vorgeschriebenen Bedingungen zu angemessenen Preisen an die Verbraucher gelangen lassen, den Eingangszoll bis auf den Betrag zu erlassen, der sich ergibt, wenn anstatt der Zollsätze von 35 oder 27 Mk. der Zollsatz von 18 Mk. pro Doppelzentner zugrunde gelegt wird[2].

Vergünstigungen auf dem Gebiete der Eisenbahntarife wurden in folgender Weise gewährt:

1. Der mit Ende des Jahres ablaufende Ausnahmetarif für frisches Fleisch, der gegenüber den normalen Tarifsätzen wesentliche Verbilligungen enthält, wird bis auf weiteres um ein Jahr verlängert und noch weiter verbilligt. Von den so ermäßigten Tarifsätzen wird außerdem ein weiterer Frachtnachlaß von 20 % gewährt:
   a) zugunsten der Gemeinden und gemeinnützigen Organisationen, die die Sendungen in Ausübung gemeinnütziger Tätigkeit an die Verbraucher oder Fleischer zum Verkauf zu unter behördlicher Mitwirkung festgesetzten Preisen abgeben.

---

[1] Städtischer Verwaltungsbericht für 1906 S. 76.

[2] Verwaltungsbericht des städtischen Schlacht- und Viehhofs für 1912 S. 5.

b) zugunsten gewerblicher Unternehmer, die die Sendungen zu oder unter den Selbstkosten an eigene Angestellte oder zwecks Verkaufs an eigene Angestellte zu unter behördlicher Mitwirkung festgesetzten Preisen an Fleischer abgeben.

2. Unter gleichen Bedingungen wird ein Nachlaß, und zwar von 30 % von den Frachtsätzen für lebendes Vieh gewährt.

Die Maßnahmen der Stadtgemeinde München gegen die Fleischteuerung ergaben sich in der Hauptsache aus den folgenden, am 8. Oktober 1912 gefaßten Beschlüssen:

1. Die städtischen Kollegien erklären sich bereit, lebendes Vieh und frisches oder gefrorenes Fleisch aus dem Auslande für eigene Rechnung einzuführen, um dasselbe zu angemessenen Preisen an die Verbraucher gelangen zu lassen. Zu diesem Zwecke wird ein Kredit aus bereitstehenden Mitteln in der Höhe von 50 000 Mk. eröffnet.
2. Die Abgabe des für Rechnung der Stadtgemeinde eingeführten Fleisches an die Verbraucher wird zunächst hiesigen Metzgermeistern durch Vermittlung der Metzgerinnung übertragen. Hierbei soll der Selbstkostenpreis zuzüglich der der Gemeinde erwachsenen Spesen, sowie der anfallenden Gebühren berechnet und gleichzeitig der im Detailverkauf zulässige Preis amtlich festgesetzt werden.

   Die näheren Vollzugsbestimmungen werden durch eine Kommission im Benehmen mit der Metzgerinnung festgesetzt. Die tarifmäßigen städtischen Gebühren werden für Gefrierfleisch um die Hälfte ermäßigt. Sollten die Metzgermeister die Abgabe des auf Rechnung der Stadtgemeinde aus dem Auslande eingeführten Fleisches an die Verbraucher nicht übernehmen oder sollten sich bei dieser Verkaufsvermittlung Schwierigkeiten oder Umstände ergeben, so ist in der Großmarkthalle, auf dem Markte an der Heiliggeistkirche, auf dem Schwabingermarkte und eventuell sonst noch geeigneten Plätzen je ein Verkaufsstand für diesen Fleischverkauf einzurichten. Der Verkauf hat durch eigene Beauftragte, gleich den Freibankmetzgern, stattzufinden.

Wie der Bericht der Schlacht- und Viehhof-Direktion hervorhebt, war als wirksamste, die Fleischeinfuhr erst ermöglichende Maßregel die Ermäßigung des Zolles um 9 Mk. pro Doppelzentner frischen Fleisches zu erachten. Als der kommunale Fleischbezug, für den sich die Stadt eines gegen geringe Provision angestellten Metzgermeisters als Vermittler bediente, einsetzte, hörte die vorher von privater Seite ins Werk gesetzte Fleischeinfuhr aus dem Auslande auf, weil die privaten Unternehmer an den Zoll- und Frachtvergünstigungen nicht teilnahmen. Es wurde nur aus Dänemark und Holland, Schweden und Frankreich Fleisch eingeführt, da die Donauländer wegen des Balkankrieges ausschieden und auch Rußland nicht in Betracht kam. Eine Einfuhr lebenden Viehs für eigene Rechnung der Stadt unterblieb, da die den Gemeinden gewährte geringe Frachtermäßigung (zirka ½ Pf. pro Pfund) dem Risiko des Absatzes nicht entsprochen hätte.

Die Fleischeinfuhr aus dem Auslande für Rechnung der Stadtgemeinde München dauerte vom 23. Oktober 1912 bis zum 30. April 1913. Über den Gesamtbezug von Fleisch, die Veräußerungen an die Metzger und die Einweisungen in die Freibank sowie über das finanzielle Ergebnis gibt folgende Zusammenstellung Aufschluß:

Zahl der bezogenen Eisenbahnwaggons 65, hiervon 51 aus Dänemark, 5 aus Holland, 3 aus Schweden und 6 aus Frankreich.

Zahl der Rinderviertel:

3664	aus Dänemark	216 042	kg
320	„ Holland	19 977	„
292	„ Frankreich	32 503	„
4276		268 522	kg
= 1019 ganze Tiere.			

Zahl der Schweine:

330	aus Dänemark	27 703	kg
80	„ Holland	4 238	„
207	„ Schweden	15 222,5	„
617	Schweine	47 163,5	kg

Zahl der Kälber:

5 aus Holland 257 kg

Gewicht des eingeführten Fleisches ohne Eingeweide	315 942,5	kg
Eingeweide ca.	26 000	„
Gesamtgewicht der Zufuhr	341 942,5	kg

Hiervon wurden abgesetzt bzw. verwertet:

An Metzger	2999 Viertel Rindfleisch	184 150,5	kg	Erlös	264 854,83	Mk.
	404 Schweine	27 611	„	„	41 466,02	„
		211 761,5	kg	Erlös	306 320,85	Mk.
In der Freibank	1277 Viertel Rindfl.	75 314,5	kg	Erlös	112 743,24	Mk.
	212½ Schweine	17 126	„	„	27 375,52	„
	5 Kälber	257	„	„	380,80	„
		92 697,5	kg	Erlös	140 499,56	Mk.
Aus Nebenprodukten (freihändig verkauft) . . .					21 173,98	„
				Gesamterlös	467 994,39	Mk.

Zoll:

Gesamtzoll zu . . 27 Mk.	91 421,10	Mk.
Reduzierter Zoll zu 18 „	60 947,40	„
Zollermäßigung	30 473,70	Mk.

Fracht:

Die Frachtermäßigung beträgt 1919,04 Mk.
entspricht somit einem Gesamtfrachtbetrage von 9600,00 „

Rechnungsergebnisse.

Einnahme aus der Ware:

Erlös aus der Abgabe an Metzger . . .	306 320,85	Mk.
„ „ dem Verkauf in der Freibank	140 499,56	„
„ „ „ „ von Nebenprodukten	21 173,98	„
	467 994,39	Mk.

Hierzu:

Zollrückvergütung der Zollbehörde	4173,03	Mk.
Zolleinnahme vom Importeur	74 779,35	„
	78 952,38	Mk.
Frachtrückvergütung der Bahnbehörde . . .	922,75	Mk.
Einnahmen der Frachten vom Importeur . .	996,29	„
	1 919,04	Mk.

Sonstige Einnahmen:

Abzüge und Rückvergütung des Importeurs .	3 982,91	Mk.
Gesamteinnahme	552 848,72	Mk.

Ausgabe:

Für die Ware (Fleisch)	461 865,02	Mk.
„ „ „ (Eingeweide) . . .	16 128,85	„
„ Markt- u. Schlachthofgebühren	6 678,45	„
„ Waggebühren	188,10	„
„ Verkaufsscheine	5,00	„
An Bankprovision	400,05	„
„ Verkaufsprovision der Freibank	14 069,51	„
„ Gehälter der Aushilfen . . .	765,20	„
Sonstige	865,06	„
Mindererlös bei den am 14. Oktober 1912 angekauften 2 Stück Großvieh	111,42	„
Für Zoll	52 601,30	„
	553 677,96	Mk.
Gesamtverlust	**829,24**	Mk.

In Anbetracht des Risikos muß der bei der Fleischeinfuhr von der Stadt erlittene Verlust von 829,24 Mk. als außerordentlich gering bezeichnet werden.

Bestimmungsgemäß wurde das eingeführte Fleisch zu den Selbstkosten an die Metzger abgegeben und diesen ein Aufschlag von 14 Pf. pro Pfund zugestanden. Die Verkaufspreise betrugen für bestes Mastkuhfleisch (Kalben) 72—76 Pf., Ladenpreis 86—90 Pf., für gute mittlere Qualität 60—72 Pf., Ladenpreis 74—86 Pf. das Pfund. Alles an die Metzger nicht abgesetzte Fleisch wurde jeweils der Freibank überwiesen.

„Die Wirkung der Fleischeinfuhr war", wie der Verwaltungsbericht des städtischen Schlacht- und Viehhofs für 1912 darlegt, „zunächst die, daß Rindfleisch von Kühen bester Qualität zum Preise von 86 bis 90 Pf., von solchen guter Qualität schon zu 74—86 Pf. pro Pfund in allen Stadtteilen dem Publikum zugänglich war (die Namen der Metzger wurden jeweils veröffentlicht). Trotzdem dieses Fleisch dänischer Herkunft in Nährwert, Aussehen und Geschmack sich von solchem einheimischer Schlachtung nicht unterscheidet, begegnet man noch vielfach im Publikum Vorurteilen, ja sogar Abneigung gegen solches Fleisch, so daß von durchschnittlich zwei Waggons in Vierteln oder Hälften eingebrachten Fleisches pro Woche in der Regel die Hälfte der Freibank überwiesen werden mußte. Die Einfuhr dürfte auch kaum weitere Steigerung erfahren können, solange nicht eigene Verkaufsstellen in verschiedenen Teilen der Stadt zur Verfügung stehen. Was den Einfluß auf die Viehpreise betrifft, so ist die preisdrückende Wirkung der Fleischeinfuhr speziell auf Großvieh gleicher Qualitäten unverkennbar gewesen. Jedenfalls sind die Viehpreise seit Beginn der Auslandzufuhren nicht weiter in die Höhe gegangen, sondern zeigen eher eine rückläufige Tendenz".

Mit dem 30. April 1913 hörte der gemeindliche Bezug von Fleisch wieder auf; ebenso sah die Stadtverwaltung von neuerlichen Maßnahmen zur Lieferung billigeren Fleisches ab. Der von ihr unternommene Versuch, weitere Erhöhungen der Vieh- und Fleischpreise hintanzuhalten, muß als gelungen bezeichnet werden. Allerdings ist zu dem verhältnismäßig recht günstigen finanziellen Ergebnis der städtischen Fleischeinfuhr zu bemerken, daß es nur durch die unentgeltliche und rührige Mitarbeit städtischer Beamter erzielt werden konnte. Über die Erfahrungen der Metzger äußerte sich Würz gelegentlich der „Fleischenquete" (S. 263/4): „Er dürfe wohl ohne Überhebung sagen, daß die Fleischer in München sich von Beginn der Notstandsaktion an sofort der Gemeinde zur Verfügung gestellt und den schwierigsten Teil derselben übernommen haben. In der dort eingesetzten Lebensmittelkommission hätten die Fleischer das Zugeständnis erhalten, daß sie 14 Pf. Verdienst bei einem Pfund Fleisch für sich in Anspruch nehmen könnten. Damit könne jedoch auf die Dauer der Zeit nicht gerechnet werden; denn der Nettoverdienst sei sicherlich zu wenig, wenn berücksichtigt werde, daß das Fleisch mit dem Nierenfett abgewogen worden sei, wovon ein Teil zu bedeutend billigeren Preisen habe verkauft werden müssen: das sei ein glatter Verlust für den Metzger gewesen, der seinen Ausgleich in den 14 Pf. nicht gefunden habe."

Wie bemerkt, erfolgte im Jahre 1912 eine Einfuhr lebenden Viehs für Rechnung der Stadtgemeinde nicht; jedoch wurde die Einfuhr von Schlachtrindern aus den Niederlanden durch Vermittlung der Stadt unter den für Schlachtrinder aus Österreich-Ungarn gegebenen Vorschriften von der bayrischen Staatsregierung auf Grund der Ministerialentschließung vom 2. Oktober 1912 genehmigt. Um die an die Einfuhrbewilligung geknüpfte Bedingung der Festsetzung eines möglichst niederen Verkaufspreises zu erfüllen, wurde in München bei sämtlichen holländischen Rindern nach Maßgabe der amtlichen Verkaufsscheine Ankaufspreis, Lebend- und Schlachtgewicht amtlich ermittelt; unter Einrechnung der Gebühren und nach Abzug des Erlöses aus den dem Metzger verbleibenden Nebenprodukten konnte der wirkliche Fleischeinkaufspreis berechnet werden. Von den Nebenprodukten wurden Haut und Fett zum derzeitigen Marktpreis, dagegen die verbleibenden Eingeweideteile je nach Größe und Gewicht zu festen Sätzen von anfänglich 25 Mk. bzw. 20 Mk., auf Reklamation der Metzger wegen der geringeren Größe der holländischen Tiere später mit 20 Mk. bzw. 15 Mk., ferner das sogenannte Innert (Zunge, Flotzmaul, Magen, Därme, Füße, Lunge) mit 11 Mk. berechnet. Zur Deckung aller Geschäftsspesen, die auf zirka 8 Pf. pro Pfund veranschlagt waren, und als angemessenen Verdienst des Metzgers wurde ein Zuschlag von 12 Pf. pro Pfund zum Einkaufspreis bewilligt und hiernach der zulässige Ladenverkaufspreis festgesetzt[1].

Bei dieser Vermittlung von Schlachtvieh durch die Stadtgemeinde zu festen Preisen ergaben sich insofern Schwierigkeiten, als der Zuschlag von 12 Pf. auf den wirklichen Preis selbst in benachbarten Metzgerläden verschiedene Preise — und zwar Differenzen bis zu 10 Pf. pro Pfund — hervorrief. Ferner behaupteten die Metzger teilweise ohne jeden Ver-

[1] Verwaltungsbericht des städtischen Schlacht- und Viehhofs für 1912 S. 3.

dienst, sogar mit Verlust gearbeitet zu haben[1]. Bedenken muß ferner erregen, daß in Holland schon bald nach dem ersten Bezug von Schlachtvieh Preissteigerungen desselben eintraten, ein Umstand, der sich zwar auch bei dem Fleischbezug durch die Stadt, aber doch in geringerem Maße, geltend machte.

---

[1] „Bei den Schlachtungen von Tieren aus Holland, bei welchen dem Metzger nach Abrechnung aller Nebenausgaben 12 Pf. Verdienst pro Pfund zugestanden sei, hätten sich die Preise z. B. auf 1—1,10 Mk. und 1,12 Mk. pro Pfund Schlachtgewicht gestellt. Der Metzger nun — der sonst 1 Mk. Fleischpreis für das Pfund Ochsenfleisch gehabt habe — sei nur in der Lage gewesen, das Fleisch zu diesem Satze zu verkaufen, weil die Konkurrenz ein beliebiges Steigen des Preises nicht zugelassen habe. Diese Geschäftsleute hätten also ohne jeden Verdienst, teilweise sogar mit Verlust arbeiten müssen." „Fleischenquete", Referat Würz S. 264.

Schluß.

Ausblick.

In der Zeit der empfindlichsten Vieh- und Fleischteuerung wurde am 10. September 1912 von dem Direktor des städtischen Schlacht- und Viehhofs Opel im Lebensmittelausschuß der Stadt München ein ausführliches Referat[1] über den Stand der Münchener Fleischversorgung erstattet, das in folgenden Vorschlägen zur Milderung der bestehenden Teuerung gipfelte:

1. Zulassung der Einfuhr lebenden Schlachtviehs in näher bezeichnete deutsche Schlachthöfe unter den für Österreich-Ungarn geltenden Vorschriften aus Holland, Frankreich, Dänemark und Schweden, für letztere unter Wegfall der zehntägigen Quarantäne und der weiteren Beschränkung bezüglich des wegen Tuberkulose beanstandeten Fleisches;
2. Zulassung lebenden Schlachtviehs aus Argentinien und Australien, insbesondere auch aus unseren Kolonien unter den in 1 genannten Bedingungen, wenn ferner die Tiere nach mindestens zehntägiger Seefahrt bei der Untersuchung im Hafenort gesund befunden wurden. Gleichzeitig Beschränkung des Verbotes der Einfuhr von Rindvieh und Fleisch von solchen aus Amerika auf die wirklich verseuchten Gebietsteile;
3. Aufhebung der 30tägigen Beobachtungsfrist am Herkunftsort für die in Grenzschlachthäusern abzuschlachtenden Schweine aus Österreich-Ungarn, desgleichen der Bestimmung, daß das Fleisch der aus Rußland nach Oberschlesien eingeführten Schlachtschweine ausschließlich in den Grenzbezirken verbraucht werden muß;
4. Ergänzung des § 12 des Reichsfleischbeschaugesetzes in der Weise, daß bei der Einfuhr von Gefrierfleisch die ausländischen Beschauzeugnisse anerkannt oder deutsche Tierärzte ermächtigt werden, die Untersuchung und Kennzeichnung im Ausland nach den deutschen Fleischbeschauvorschriften vorzunehmen, so daß am Einfuhrort nur noch eine Nachkontrolle im Sinne des § 20 des Reichsgesetzes zu erfolgen hat;
5. Ermäßigung der Zollsätze auf lebendes Vieh, besonders aber auf frisches, noch mehr auf gefrorenes Fleisch;
6. Ermäßigung der Aufhebung der Zölle auf Futtermittel, insbesondere auf Mais und Futtergerste.

---

[1] Beilage zu Nr. 76 der „Münchener Gemeindezeitung" vom Jahre 1912.

Die Vorschläge waren der damaligen Notlage begreiflicherweise besonders angepaßt und ihre Verwirklichung würde zum Rückgang der Vieh- und Fleischpreise ohne Zweifel wesentlich beigetragen haben. In welchem Maße sie verwirklicht worden sind, ist im vorigen Abschnitt erörtert; bekanntlich haben Bundesrat und bayrische Staatsregierung den Wünschen der Städte nur in beschränktem Umfange Rechnung getragen [1].

Es liegt nicht im Rahmen der vorliegenden Untersuchung, in eine Betrachtung der gesamten Wirtschaftspolitik des Deutschen Reiches, soweit sie auf die Höhe der Vieh- und Fleischpreise von Einfluß ist, einzutreten, zumal gegenwärtig nicht abzusehen ist, ob sich in absehbarer Zeit grundlegende Änderungen derselben vollziehen werden. Zum mindesten ist es nicht wahrscheinlich, daß ein Abbau des Schutzzolls auf Getreide, Futtermittel, Vieh und Fleisch erfolgt, eine Tatsache, mit der die deutschen Städte zu rechnen haben. Ihre Bestrebungen werden zunächst dahin gehen müssen, auf die Milderung gewisser Bestimmungen des Fleischbeschaugesetzes — insbesondere von § 12 Abs. 2 — und damit auf eine verstärkte Einfuhr von ausländischem Fleisch hinzuwirken. Ebenso wird eine Erleichterung der Vieheinfuhr aus dem Auslande unter Beibehaltung aller gebotenen veterinärpolizeilichen Maßnahmen anzustreben sein, was namentlich für München wegen des unentbehrlichen Bezugs erstklassiger österreichischer Ochsen notwendig ist.

Allerdings wird man sich nicht verhehlen dürfen, daß die Einfuhr von Schlachtvieh aus dem Auslande, insbesondere aus den Nachbarländern, infolge der dort häufig grassierenden Viehseuchen, der Zunahme des ausländischen Konsums und der damit verbundenen Viehpreissteigerungen usw. unsicher ist und als jederzeit in Rechnung zu stellender Faktor der deutschen Fleischversorgung nicht angesehen werden kann, abgesehen davon, daß das aus einer Anzahl von Auslandstaaten importierte Vieh dem deutschen qualitativ nicht entspricht. Der Schwerpunkt der Versorgung der deutschen Städte mit Fleisch liegt im Inlande und bemerkenswerterweise ist gelegentlich der „Fleischenquete" die Mehrung des heimischen Angebots als besonders vordringlich bezeichnet worden. Wieweit das ausschließlich der Landwirtschaft obliegt, steht hier nicht zur Behandlung, nur auf die etwaige Mitwirkung der Städte, in erster Reihe von München, ist im folgenden kurz einzugehen.

Eine dauernde Beteiligung der Münchener Stadtverwaltung an der Fleischversorgung Münchens könnte wohl nur

[1] Vgl. auch die Eingaben des Vorstandes des bayrischen Städtetages an das K. Staatsministerium des Innern vom 23. Mai und 21. Oktober 1912.

für die Sicherstellung des Bezugs von Schweinen und die Stabilisierung der Schweinefleischpreise in Betracht kommen. Großvieh und Kälber scheiden für eine solche Beteiligung aus, obschon beide für den Münchener Markt von sehr großer Wichtigkeit sind. Ihre ausreichende Bereitstellung dürfte kaum je Sorge der städtischen Verwaltung werden, soweit es sich nicht gerade um notwendig gewordene „Notstandsaktionen" handelt. Anders bei Schweinen. Das Beispiel von Ulm zeigt, daß es einer Kommune möglich ist, sich an der regelmäßigen Beschickung des Markts mit Schweinen soweit zu beteiligen, daß sie auf die Höhe der Schweinefleischpreise Einfluß gewinnt. Es ist nicht anzunehmen, daß ein solches Vorgehen in großen Kommunen wie München schlechthin undurchführbar sein sollte. Allerdings sind die entgegenstehenden Schwierigkeiten, die in verschiedener Richtung liegen, nicht zu verkennen. Die Nachahmung der Ulmer Einrichtung (Vertragsabschluß der Stadt mit der Schweinezuchtgenossenschaft in Weißenhorn) würde, wenn ein stärkerer Einfluß auf die Münchener Schweinefleischpreise erwartet werden soll, die wöchentliche Anlieferung von 1000 Schweinen oder von 50 000 Schweinen im Jahr bedingen. Das ist nach Aussage von Oberbürgermeister von Borscht in der „Fleischenquete" (S. 40) gegenwärtig nicht möglich. Dazu kämen Erwägungen finanzieller Natur. Schon ein Versuch mit 12 000 Schweinen im Jahr, der sich nach Ansicht des Direktors des städtischen Schlacht- und Viehhofs unter Umständen immerhin schon lohne, erfordere die Übernahme von 20 000 Mk. Jahreskosten auf den Etat. Bei einer Anzahl von 25 000 Schweinen wären die Kosten im Jahr die doppelten, die Kapitalsvorschüsse würden sich bereits auf 1 Mill. Mk. belaufen. Bei 50 000 Schweinen hätte die Stadt 2 Mill. Mk. vorzuschießen und 80 000 Mk. für die Verzinsung zu leisten, wenn man von dem Wert des Grundbesitzes absehe. Trotzdem bezeichnete von Borscht die Gründung einer Schweinezuchtgenossenschaft großen Stils, an der sich die Stadt mit einem gewissen Prozentsatz von Anteilscheinen beteilige und deren Produkte sie zu einem festen Preise abnehme, als einen vielleicht gangbaren Weg. Eine Genossenschaft, ohne städtische Beteiligung wäre wegen des zu hohen Risikos, das mit der Größe des Geschäfts nicht prozentual, sondern in stärkerem Maße wachse, von vornherein wohl kaum empfehlenswert.

Ob nun die Schweinelieferung an die Stadt von Genossenschaften mit oder ohne städtische Kapitalsbeteiligung oder von landwirtschaftlichen Organisationen und Verbänden erfolgt, es erhebt sich weiter die Frage nach der Vertragsdauer. Ein langfristiger Vertrag, der einen bestimmten Preis, etwa den Durchschnittspreis der letzten fünf Jahre, den Ankäufen der Stadt zugrunde legt, ist für diese ungeeignet, weil bei einem stärkeren Sinken der Fleischpreise größere Verluste unausbleiblich wären. Es müßte also entweder eine Beschränkung der Vertragsdauer, zum Beispiel auf drei Jahre, eintreten, mit der aber die Ausübung eines Optionsrechtes — auf einen gleichlangen Zeitraum und zum Durchschnittspreis der verflossenen Vertragsperiode — verbunden wäre [1] oder es müßte bei Langfristigkeit der Verträge ein fester Preis mit einer gleitenden Skala angenommen werden, um die Stadt an den Schwankungen des Markts teilnehmen zu lassen. Wie die gleitende Skala anzulegen wäre, um die Interessen der Stadtgemeinde bzw. der Konsumenten mit denen der Landwirtschaft und des Metzgergewerbes in Übereinstimmung zu bringen, ist hier nicht näher zu erörtern.

Von Wert sind solche Lieferungsverträge mit der Landwirtschaft natürlich nur dann, wenn es gelingt, eine Aufhebung oder wenigstens eine merkliche Einschränkung der großen Preisschwankungen für Schweine herbeizuführen, um die Interessen der städtischen Einwohnerschaft zu fördern und gleichzeitig der darniederliegenden bayrischen Schweinezucht zu dienen. Daß München damit von den außerbayrischen Schweinemärkten und Händlern wieder unabhängiger würde, brauchte nicht bedauert zu werden. Mit dem Metzgergewerbe, das die von der Stadt erworbenen Schweine abzunehmen hätte — von einer Ausschaltung desselben durch Errichtung kommunaler Fleischläden wäre normalerweise Abstand zu nehmen — würde sich ein Übereinkommen schon deshalb ermöglichen lassen, weil das Metzgergewerbe an der Beseitigung übermäßiger Preisschwankungen ebenfalls erheblich interessiert ist. Auch die Ausschaltung des Zwischenhandels müßte ihm dabei willkommen sein.

Im Rahmen der allgemeinen Münchener Fleischversorgung ist ein Eingreifen der Stadt auf dem Schweinemarkte, das nur einen gewissen Anteil des gesamten Auftriebs zur Stabilisierung der Preise zu umfassen braucht, lediglich ein kleines Glied. Im ganzen noch wichtiger ist die ausreichende und wohlfeile Versorgung der Bevölkerung mit Ochsen-, Rind- und Kalbfleisch, dessen Bedarf vorzugsweise die heimische Landwirtschaft zu befriedigen hat. Alle Maßnahmen, die zur Erhöhung ihrer Fleischerzeugung getroffen werden, insbesondere die Förderung der inneren Kolonisation, müssen daher städtischerseits besonders begrüßt werden.

[1] Indem so das Steigen und Fallen der Preise jeweils Berücksichtigung fände, vollzöge sich ein ständiger Ausgleich von Vertragsperiode zu Vertragsperiode.

Nachwort.

Die Fleischversorgung Münchens im gegenwärtigen Kriege.

Da die vorstehende Untersuchung Anfang August dieses Jahres bei Ausbruch des großen europäischen Krieges noch nicht veröffentlicht war, ist es möglich, dem Einfluß der kriegerischen Ereignisse auf die Münchener Fleischversorgung ein kurzes Nachwort zu widmen.

Es konnte nicht ausbleiben, daß ein Teil der die Versorgung Münchens mit Fleisch sicherstellenden Faktoren von dem Kriegsbeginn und den damit verbundenen wirtschafts- und verkehrspolitischen Umgestaltungen zunächst in Mitleidenschaft gezogen wurde. Mit der Mobilmachung geriet der in- und ausländische Güterverkehr größtenteils ins Stocken, indem Ein- und Ausfuhrverbote und -beschränkungen erlassen und die Eisenbahnen ganz überwiegend militärischen Zwecken dienstbar gemacht wurden. Für München im besonderen war bedeutungsvoll, daß in der zweiten Mobilmachungswoche die österreichische Zufuhr an Großvieh eingestellt wurde.

Bald nach Kriegsausbruch trafen jedoch schon, von der Gesetzgebung dazu ermächtigt, Reichs- und Staatsregierungen sehr einschneidende Maßnahmen, um die Lebensmittelversorgung des deutschen Volkes auf eine möglichst gesicherte Grundlage zu stellen. Für die Versorgung mit Fleisch ist namentlich das Reichsgesetz vom 4. August 1914 betreffend vorübergehende Einfuhrerleichterungen (Reichsgesetzblatt S. 338) von Bedeutung.

Hiernach wird der Bundesrat ermächtigt, während der Dauer des Krieges Vieh, Fleisch und Zubereitungen von Fleisch zollfrei zu lassen und die bestehenden gesetzlichen Verbote und Beschränkungen dieser Waren ganz oder teilweise außer Kraft zu setzen.

Noch am gleichen Tage wurden die ergänzenden Verordnungen des Bundesrats erlassen.

Bis auf weiteres dürfen zollfrei eingeführt werden Rindvieh, Schafe, Schweine, Fleisch, ausschließlich des Schweinespeckes, und genießbare Eingeweide von Vieh frisch, auch gefroren, zubereitet und zum feineren Tafelgenuß zubereitet, ferner Schweinespeck, Fleischextrakt, Würste aus Fleisch.

Sodann wird § 12 Abs. 1 des Fleischbeschaugesetzes außer Kraft gesetzt, indem die Untersuchung des Fleisches sich auf die Feststellung einer äußeren guten Beschaffenheit zu beschränken hat; Ziff. 1 in Abs. 2 ist dahin geändert, daß es der Miteinfuhr der Organe und des natürlichen Zusammenhangs dieser Organe mit dem Tierkörper nicht bedarf und daß ferner der Tierkörper bei Rindern, ausschließlich der Kälber, auch in Viertel zerlegt sein kann.

Um die vorzeitige Veräußerung bzw. das frühe Schlachten von nicht ausgereiften Kälbern und von Jungvieh zu verhindern[1], folgte am 11. September 1914 eine Bekanntmachung des Bundesrats betreffend Verbot des vorzeitigen Schlachtens von Vieh.

Schlachtungen von Kälbern, die weniger als 75 kg Lebendgewicht haben, und von weiblichen, noch nicht 7 Jahre alten Rindern (Färsen, Kalbinnen u. dgl. und Kühen) sind für die Dauer von 3 Monaten seit dem Inkrafttreten dieser Verordnung verboten. Ausgenommen von dem Verbot ist Weidemastvieh aus Gebieten, die von den für diese zuständigen Landeszentralbehörden bestimmt sind.

Ausnahmen von dem Verbote können in Einzelfällen bei Vorliegen eines dringenden wirtschaftlichen Bedürfnisses von den durch die Landeszentralbehörden bestimmten Behörden zugelassen werden.

Das Verbot findet keine Anwendung auf Schlachtungen, die erfolgen, weil zu befürchten ist, daß das Tier an einer Erkrankung verenden wird, oder weil es infolge eines Unglücksfalles sofort getötet werden muß. Solche Schlachtungen sind jedoch der zuständigen Behörde spätestens innerhalb 3 Tagen nach der Schlachtung anzuzeigen.

Weitergehende landesrechtliche Vorschriften werden durch diese Verordnung nicht berührt.

Die Landeszentralbehörde wird ermächtigt, auch für die Schlachtung von Schweinen Beschränkungen anzuordnen.

Daß das Verbot der vorzeitigen Schlachtung von Kälbern namentlich für München am Platze ist, geht aus früheren Darlegungen dieser Untersuchung deutlich hervor[2]. Die bayerische Staatsregierung hatte auch bereits vor Eingreifen des Bundesrats dieser Tatsache ihre Aufmerksamkeit zugewendet, indem sie die Fleischbeschauer in Bayern Ende August anwies, Kälber im Alter unter 4 Wochen nach § 40 Ziff. 5 der Ausführungsbestimmungen A zum Fleischbeschaugesetze als nicht genügend entwickelt zu behandeln und das Fleisch solcher Tiere „als in seinem Nahrungs- und Genußwert erheblich herabgesetzt" zu erklären. Zur Verhinderung des Abschlachtens junger, völlig unreifer Schweine („Bratenschweine") ordnete ferner die Regierung in Verfolg der erwähnten Bundesrats-

[1] Von Viehhändlern und Aufkäufern war vielfach eine künstliche Panik in die landwirtschaftliche Bevölkerung getragen worden, um die Abstoßung ihrer Viehbestände zu beschleunigen.

[2] Vgl. insbesondere S. 80 Anm. 2.

verordnung mit Wirkung vom 19. September an, daß auf die Dauer von 3 Monaten Schweine, die weniger als 60 kg Lebendgewicht haben, nicht geschlachtet werden dürfen.

In den ersten Monaten des Krieges ist die Fleischversorgung Münchens in nennenswertem Maße nicht beeinträchtigt worden. Zwar blieb, wie bemerkt, die österreichische Zufuhr eine Zeitlang aus — am 7. September kamen erstmals wieder österreichische Ochsen auf den Münchener Viehmarkt —, aber die hinreichende inländische Beschickung und die für den Fremdenverkehr bestimmt gewesenen, großen Fleischvorräte[1] bewirkten, daß eine Fleischteuerung und Fleischknappheit nicht eintrat. Nachdem sich die heimische Volkswirtschaft den neuen Verhältnissen soweit als möglich angepaßt hatte, wurde auch der unterbrochen gewesene Verkehr mit dem neutralen Auslande allmählich wieder aufgenommen. Der Münchener Viehhof erhielt bereits im September, zum Teil durch Vermittlung der mit dem Kriege ins Leben getretenen Reichseinkaufsstelle, Großvieh aus Holland und Dänemark, das von der Stadtgemeinde erworben und nach erfolgter Schlachtung eingelagert wurde. Bevor die zeitweise Besetzung eines Teiles von Ostpreußen durch russische Truppen erfolgte, kamen von dort größere Mengen Schweine nach München.

Aber auch ohne auswärtige Zufuhren sind der Fleischversorgung Bayerns für die nächste Zukunft günstige Vorbedingungen gegeben. Das Königreich hatte im Jahre 1914 durchgehends eine gute bis sehr gute Heuernte und eine sehr befriedigende Grummeternte. Gleiches gilt von der Getreide-, Rüben- und Kartoffelernte, so daß „die Grundlagen für eine intensive Entwicklung der gesamten Viehzucht in hohem Maße vorhanden sind"[2]. Dank dem Eingreifen der Reichs- und Staatsbehörden, die nach dem Gesetze vom 4. August 1914 (Reichsgesetzblatt S. 327) betreffend die Ermächtigung des Bundesrats zu wirtschaftlichen Maßnahmen im Falle kriegerischer Ereignisse auch spätere Schädigungen mit Erfolg abwehren können — einen günstigen Ausgang des Feldzuges naturgemäß voraussetzt —, dank der Gunst des Himmels im Hinblick auf die Ernte und bei dem verständigen Sinn aller Kreise der Bevölkerung, die sich den veränderten Verhältnissen in ihrer

[1] Mit der Mobilmachung geriet der gerade Ende Juli besonders starke Fremdenverkehr völlig ins Stocken; die Fremden verließen München und das Gebirge fluchtartig.

[2] Referat von Attinger gelegentlich der am 10. August dieses Jahres im Staatsministerium des Innern abgehaltenen Besprechung über die Frage der Fleischversorgung während des Krieges, die von Vertretern aller wirtschaftlichen Interessentengruppen besucht war.

Lebenshaltung gegebenenfalls wird anzupassen wissen, kann selbst bei längerer Dauer des Krieges der Entwicklung der Verhältnisse in Bayern mit Zuversicht entgegengesehen werden.

Die Vieh- und Fleischpreise haben sich in den verflossenen Kriegsmonaten wenig verändert; ihre Höhe und die Spannung zwischen beiden gaben nur hin und wieder zu Klagen Veranlassung. Etwaigen späteren, ungerechtfertigten Preistreibereien dürfte mit Hilfe des Reichsgesetzes vom 4. August 1914 (Reichsgesetzblatt S. 339) betreffend Höchstpreise wirksam zu begegnen sein.

Anfang Oktober 1914.

FSC
www.fsc.org
MIX
Papier | Fördert gute Waldnutzung
FSC® C083411

Kolibri 360 GmbH
Ferdinand-Jühlke-Straße 7
99095 Erfurt, Deutschland
produktsicherheit@kolibri360.de

Druck:
CPI Druckdienstleistungen GmbH
im Auftrag der
Kolibri 360 GmbH
Ferdinand-Jühlke-Str. 7
99095 Erfurt